# NOTICE BIOGRAPHIQUE

SUR

# MISCAËL GILLY

ÉTUDIANT EN MÉDECINE

## Décédé à Nimes, le 8 Juillet 1883

### A L'AGE DE 20 ANS.

> La pierre que ceux qui bâtissaient ont rejetée, est devenue la principale pierre de l'angle.
> Ps. CXVIII, 22.
>
> O mort ! où est ton aiguillon ? O sépulcre ! où est ta victoire ? Or, l'aiguillon de la mort, c'est le péché. Mais grâces soient rendues à Dieu qui nous donne la victoire par notre Seigneur Jésus-Christ.
> 1 Cor., XV, 55-57.
>
> Ouvrez-moi les portes de la justice; j'y entrerai et je célébrerai l'Eternel.
> Ps. CXVIII, 19.
>
> Quoique mort, il parle encore par sa foi.
> Héb., XI, 4.

MONTPELLIER
TYPOGRAPHIE ET LITHOGRAPHIE BOEHM ET FILS
1883

# NOTICE BIOGRAPHIQUE

SUR

# MISÇAËL GILLY

ÉTUDIANT EN MÉDECINE

Décédé à Nimes, le 8 Juillet 1883

A L'AGE DE 20 ANS.

> La pierre que ceux qui bâtissaient ont rejetée, est devenue la principale pierre de l'angle.
> Ps. CXVIII, 22.
>
> O mort! où est ton aiguillon? O sépulcre! où est ta victoire? Or, l'aiguillon de la mort, c'est le péché. Mais grâces soient rendues à Dieu qui nous donne la victoire par notre Seigneur Jésus-Christ.
> 1 Cor., XV, 55-57.
>
> Ouvrez-moi les portes de la justice; j'y entrerai et je célébrerai l'Eternel.
> Ps. CXVIII, 19.
>
> ... Quoique mort, il parle encore par sa foi.
> Héb., XI, 4.

MONTPELLIER
TYPOGRAPHIE ET LITHOGRAPHIE BOEHM ET FILS
1883.

# NOTICE BIOGRAPHIQUE

SUR

# MISÇAËL GILLY

ÉTUDIANT EN MÉDECINE

### Décédé à Nimes, le 8 Juillet 1883

A L'AGE DE 20 ANS.

---

« Les jours de l'homme sont comme l'herbe ; il fleurit comme la fleur d'un champ ; le vent ayant passé dessus, elle n'est plus, et son lieu ne la reconnaît plus. *Mais la miséricorde de l'Éternel est de tout temps et à toujours sur ceux qui le craignent*, et sa justice sur les enfants de leurs enfants à ceux qui gardent son alliance et qui se souviennent de ses commandements pour les accomplir » (Ps. CIII). « Une voix a dit : Crie. On a répondu : Que crierai-je ? : Toute chair est comme l'herbe, toute sa grâce est comme la fleur d'un champ. L'herbe sèche, la fleur tombe quand le vent de l'Éternel souffle dessus ; *mais la parole de Dieu demeure éternellement* » (És., XL). Telles sont les réflexions qui s'imposent à nous en commençant cette biographie.

Le bien-aimé frère dont nous désirons raconter brièvement la vie et surtout les derniers moments, était doué de ces qualités de l'esprit et du cœur qui font le charme des liaisons sérieuses et intimes.

Physionomie douce et sympathique, figure agréable, constitution robuste, plein de santé et de vigueur : tel était Misçaël au physique. Intelligence plus tenace que prompte, esprit méditatif bien que caustique à ses heures, tout naturellement sérieux, il avait gardé, de ses études philosophiques faites avec goût, l'habitude de tout approfondir, de tout peser, de ne rien accepter pour vrai qui ne lui fût démontré comme tel. Caractère aimable et réservé, cœur tendre et affectueux, on ne pouvait guère le connaître sans l'aimer. L'avenir s'ouvrait devant lui plein de belles espérances ; et cependant il a été enlevé, en quelques jours, à une famille qui le chérissait, à des amis qui lui étaient unis par des liens aussi intimes que durables, à une Église qui l'avait élevé et dont il était devenu véritablement membre par la foi. « Les voies de Dieu ne sont pas nos voies, ni ses pensées nos pensées ; car, autant les cieux sont élevés par-dessus la terre, autant ses voies sont élevées par-dessus nos voies et ses pensées par dessus nos pensées » (És., LV).

La vie et la mort de cet ami renferment des enseignements sérieux et profonds. Aussi, nous qui l'avons vu vivre et mourir, écrivons-nous ces lignes moins dans le but de vanter ses qualités et d'exprimer nos regrets, que pour nous engager tous à l'imiter dans sa foi et dans sa fin, à rechercher avec persévérance, auprès de Dieu, l'accomplissement de *toutes* ses promesses.

Les derniers moments de notre cher Misçaël ont été, en effet, empreints d'une telle sérénité, d'une telle paix, qu'on ne peut, semble-t-il, que regretter le départ d'un ouvrier fidèle qui aurait pu se rendre, pendant de longues années, si utile dans le champ du Seigneur. Mais, ne l'oublions pas : un regret n'est qu'un murmure déguisé contre la volonté de Dieu. Le cœur qui n'est pas entièrement soumis et qui n'a pas encore appris de notre Sauveur à trouver la volonté de Dieu bonne, agréable et parfaite (Rom., XII) ne se prosternera pas en adorant (Héb., XI), croyant à l'amour infini et à la miséricorde de notre Seigneur. Involontairement, il voudra instruire Dieu. Pourquoi des jeunes gens pleins de foi et riches d'espérances sont-ils enlevés à la fleur de leur âge, malgré les prières et les supplications de leurs amis, et cela pendant que les ouvriers d'iniquité semblent se multiplier et que nous traversons une crise d'affaissement moral et d'incrédulité ; pendant que l'Église n'aurait pas trop de toutes ses forces vives pour lutter, à la fois, contre des doctrines dissolvantes et contre des exemples pernicieux ? L'âme vraiment abaissée dira, au contraire, avec une résignation exempte de toute amertume : « Cela est ainsi, ô mon Père ! parce que tu l'as trouvé bon ». Humilions-nous donc plutôt sous la puissante main de Celui qui peut toutes choses ; devenons, en sa présence, des petits enfants ; alors, il nous instruira. Répétons après Paul, avec notre cher défunt : « O profondeur des richesses, de la sagesse et de la connaissance de Dieu ! Que ses jugements sont impénétrables, et que ses voies sont incompréhensibles ! » (Rom., XI.)

# I

Misçaël Gilly naquit à Nimes, le 7 novembre 1862, de parents pieux. Il fut élevé dans la crainte du Seigneur et instruit dans ses voies dès sa plus tendre enfance. Mais l'absence de réveil chez notre ami nous prouve qu'il ne suffit pas, pour être chrétien, de naître dans un milieu chrétien. Plus tard, lorsque Dieu l'eut atteint, il s'écriait avec beaucoup de conviction, à l'occasion de la mort d'une personne née comme lui et élevée dans la même Église : « Combien sont insensés ceux qui croient être chrétiens par leur naissance ou par leur éducation ! Ils n'ont certainement rien compris à l'œuvre du salut quand, pour rendre raison de leur foi, ils répondent : « Oh ! j'ai été élevé par des parents pieux ! » Voilà une femme qui, quarante années durant, a été enseignée, exhortée, reprise par Dieu et ses vrais serviteurs ; et cependant que de résistances, que d'ingratitude ! D'autres, au contraire, nés dans un milieu incrédule, sont accessibles à l'Esprit de Dieu. Quelle instruction ne devons-nous pas en retirer, et combien grande sera notre responsabilité devant Dieu qui nous a *comblés* de ses grâces ! »

Bien qu'endormi devant l'œuvre que Dieu veut accomplir dans chacun de nos cœurs, il donnait cependant un certain accès au Saint-Esprit. Il le contristait souvent, en ne s'appliquant pas à écouter, pour les serrer dans son cœur et les repasser ensuite, « les choses magnifiques » que Dieu lui faisait enseigner; mais il « n'éteignait » pas cet Esprit (Éph., V). Son intelligence comprenait sans peine l'œuvre de la rédemption accomplie par Jésus-Christ, mais son cœur n'était pas atteint; nouvelle preuve de l'insuffisance de la connaissance de la vérité pour être sauvé. Instruit dès sa jeunesse dans les Saintes Lettres, il a reconnu la vérité dans l'Église où il était élevé. Encore inconverti, il ne prenait pas tout son plaisir aux prédications puissantes qu'il entendait; il les aimait cependant et n'aurait pu s'en passer sans être malheureux et fortement repris dans sa conscience. Quelquefois il se fatiguait vite d'entendre la Parole de Dieu ; mais s'il lui arrivait d'entrer dans un autre lieu de culte, il était beaucoup moins captivé. Ces discours, faits avec art, attiraient moins son attention que ces allocutions simples, sans apparat, où le cœur parlait bien plus que l'intelligence. Plus tard, il pouvait dire à ses amis du dehors : « Avant ma conversion, je ne trouvais rien à redire aux doctrines enseignées parmi nous ; je sentais là la vérité : c'est un témoignage que je puis rendre à l'Église qui m'a élevé. J'aimerais de voir ceux qui parlent contre elle , sans la connaître, prendre la peine d'étudier ce qu'elle enseigne, la Bible à la main, avec le secours du Saint-Esprit ; c'est ce que font bien peu de chrétiens. »

Il manifesta, dès son enfance, du goût pour l'étude, et ce goût ne fit que se développer avec les années. Il disait souvent : « J'aimerais bien être riche, afin de pouvoir me consacrer tout entier à l'étude, sans en être distrait par le souci de gagner ma vie ». Aussi fut-il toujours un élève laborieux, et, en grandissant, son application était si intense qu'il prenait rarement part aux récréations de ses camarades. Il préférait la solitude, qu'il consacrait à de saines lectures, — dont il avait coutume de faire des extraits, — et à de sérieuses méditations dont nous avons retrouvé la trace dans les nombreux manuscrits qu'il nous a laissés.

Ses parents craignaient parfois qu'une tension trop constante de son esprit, une solitude trop continue, ne fussent nuisibles à sa santé, et ils l'engageaient à faire un peu plus d'exercice. Il répondait invariablement qu'il se trouvait bien mieux dans sa chambre et les priait de ne pas insister davantage.

Le Pensionnat où il a été élevé, sous la direction de son père, a été fondé plus encore pour le bien spirituel que pour l'instruction des enfants. Outre les cultes particuliers du matin et du soir, et le culte public du dimanche, on y a établi, le jeudi matin, une instruction religieuse, suivie le plus souvent d'une réunion de prières pour les élèves les mieux disposés. Liberté absolue pour ceux dont les parents ne sont pas pieux, obligation formelle pour les autres. Ces derniers murmurent parfois ; cependant nous n'avons jamais eu à nous repentir de cette contrainte : c'est là que plusieurs de nos chers enfants ont reçu le témoignage de leur pardon et que d'autres ont ressenti des impressions plus ou moins vives de la grâce de Dieu.

Misçaël n'a pas montré toujours tout le zèle désirable pour ces réunions ; cependant il n'a jamais murmuré. Un de ses professeurs nous a raconté une manifestation précieuse de ce cher enfant, dans l'une de ces réunions de prières :

« La légèreté de plusieurs de ses amis, et de son frère Hazaria en particulier, avait mis ma patience à une rude épreuve. Dans mon empressement à réprimer ce mal extérieur, j'infligeai à Hazaria une punition sévère, trop sévère même. Misçaël, au lieu de prendre parti pour son frère, ne chercha nullement à le justifier, encore moins à blâmer le professeur. Il parut les plaindre l'un et l'autre. Pour moi, tout en voulant maintenir la punition à l'égard du coupable, je me sentais repris intérieurement et je désirais revenir sur ma décision, redoutant l'autorité de ce juge, inconscient sans doute, mais d'autant plus souverain. » Misçaël n'avait pas encore 12 ans.

C'est en octobre 1874 qu'il commença à suivre le cours du lycée, comme externe : il fut admis en quatrième, avant d'avoir accompli sa douzième année. Son zèle, son application, le firent bientôt apprécier de ses maîtres. L'un d'eux, que la mort a aussi moissonné dans sa jeunesse, s'était attaché à lui au point de lui donner des leçons particulières sans avoir jamais voulu accepter une rétribution. Notre bien-aimé se livrait de tout son cœur à l'étude sans se préoccuper le moins du monde des succès universitaires. Et ce sentiment était si réel qu'il l'a conservé jusqu'à la fin de ses études classiques. Son père n'oubliera jamais que, à Montpellier, après avoir subi avec succès ses examens de fin de Rhétorique, il lui disait avec simplicité : « Ce n'est nullement à un diplôme que je tiens ; c'est surtout à l'instruction. Je suis bien content d'avoir réussi à cause de toi, et encore parce que ce titre m'est indispensable pour suivre les cours de la Faculté ; mais si je n'étais pas obligé de gagner ma vie par mon travail, je me serais peu soucié de conquérir des grades. »

Il termina sa Rhétorique à 15 ans et demi, quatre mois avant l'âge fixé pour les examens. Une dispense lui ayant été refusée, il ne put se présenter qu'en novembre 1878 : il se vit ajourné. Cet échec lui fut d'autant plus sensible qu'il avait la conscience d'avoir bien travaillé ; mais il l'accepta avec résignation. Épreuve salutaire, car à dater de cette époque nous retrouvons, dans ses manuscrits, des extraits de prédications qui prouvent que les choses divines l'intéressaient plus vivement et qu'un travail de Dieu commençait dans son âme.

Il rentra donc en Rhétorique en novembre 1878. Cette année scolaire fit époque dans sa vie : ce fut l'année de sa conversion. Mais ses combats spirituels ne lui firent jamais négliger ses études. Cette année-là et l'année suivante, celle de Philosophie, pendant lesquelles la piété paraissait l'absorber entièrement, furent cependant les meilleures de toutes. En Philosophie, ses succès universitaires furent brillants : il obtint, à la distribution des prix, neuf nominations, parmi lesquelles un prix d'excellence. Si nous insistons sur ce point, ce n'est point par désir de vaine gloire, mais pour établir une fois de plus que la piété, loin de nuire aux études, comme les incrédules se plaisent à le répéter, les rend plus faciles et plus attrayantes, tant il est vrai que « la piété est utile à toutes choses » (1 Tim., IV, 8).

Arrêtons-nous un instant sur cette époque de transition; elle est féconde en enseignements pour la jeunesse chrétienne et d'ailleurs nous ferons une connaissance plus intime avec notre ami.

## II

Pendant sa seconde année de Rhétorique, il s'adonna beaucoup à la philosophie : ses études classiques, cette année-là, devaient lui laisser, on le comprend, de longues heures de loisir. Aussi l'année suivante, son professeur de philosophie le trouva, dès le début, si bien préparé à suivre ses leçons, fut si satisfait de ses progrès rapides, qu'il conseilla à ses parents de préparer leur fils pour l'École Normale supérieure : il le croyait parfaitement doué pour devenir un bon professeur de philosophie.

La lecture des philosophes était sa nourriture journalière. Son esprit sérieux, réfléchi, dirigé de bonne heure vers cette science spéculative, trouvait dans ces ouvrages un vaste champ ouvert à ses investigations. Un monde nouveau lui était révélé, et il s'élançait, avec ardeur, vers ces horizons sans limites. Ses parents et ses pasteurs craignaient même que son imagination n'entraînât son esprit et surtout son cœur vers cet océan sans rivages de la métaphysique, pour échouer ensuite misérablement sur les plages arides de l'incrédulité.

Mais Dieu veillait sur lui et le préserva de cet écueil. Ce ne fut pas toutefois sans traverser des heures sombres et agitées, sans soutenir de rudes assauts contre les subtilités d'une « science faussement ainsi nommée ».

A mesure qu'il s'initiait à la méthode du raisonnement, il aurait voulu faire passer au crible de sa propre raison toutes les vérités chrétiennes, les mystères même les plus profonds, et devant la stérilité de ses tentatives il demeurait confondu. Comment, en effet, réduire en syllogismes le dogme de l'expiation ou celui de la rédemption ? La raison peut bien nous amener jusqu'au seuil du sanctuaire, mais la foi seule peut nous y introduire.

Si notre cher Misçaël n'eût été nourri, de bonne heure, dans la connaissance des Saintes Lettres (2 Tim., III, 15), s'il n'eût expérimenté dès sa jeunesse les réalités de la vraie piété, son âme eût couru de grands périls. Mais les saines instructions qui lui avaient été prodiguées, les exemples vivants qu'il avait sous les yeux, avaient formé en lui une foi réelle à l'inspiration de la Bible, à la vie chrétienne, aux vérités divines dont son atmosphère avait été saturée. Aussi les raisonnements les plus spécieux vinrent-ils se briser contre ce fondement inébranlable.

On croit entendre comme un écho lointain de ses luttes intérieures, dans ces notes rapides, jetées brûlantes sur le papier, à cette époque de fermentation :

« Le mystère de l'existence de Dieu s'impose à la raison, mais non le mystère de l'expiation et de la rédemption ; nous sommes plus libres de l'admettre ou de le rejeter. »

Il n'avait pas encore bien compris, ce cher ami, — comme il le comprit si bien plus tard — qu'il faut devenir simple comme un enfant pour entrer dans le royaume de Dieu, et que c'est aux « petits » qu'il révèle ces mystères cachés aux sages et aux intelligents. Aussi, quand il eut trouvé en Dieu le repos de son âme, combien il prit en pitié les sophistes superbes et les docteurs insensés qui se contentent d'une foi intellectuelle pour le fondement de leur salut ! Écoutez ce cri de dédain et d'indignation :

« Sauvé par un syllogisme ! — Celui qui croit est sauvé. — Or je crois, — Donc je suis sauvé. — Mais c'est faire de Dieu le pire des logiciens et le plus grand des menteurs ! »

Quel bonheur pour lui de se sentir sauvé par la foi ! Son cœur déborde. Il parle sans cesse de la foi, il y revient sans se lasser ; c'est un sujet qu'il ne craint point d'épuiser. Il se plaît à la définir, à l'analyser, à la dépeindre, à en exalter les merveilleux effets.

«La foi est nécessaire en tout, — dit-il ; — la certitude absolue n'existe pas. Les deux autres sources de nos connaissances, nos sensations et notre raison, ont encore à leur base la foi : foi à l'existence du monde extérieur ; foi à la vérité des principes qui président à notre raisonnement. La foi est ce qu'il faut ajouter aux preuves pour produire la certitude : c'est « une démonstration des choses qu'on ne voit point » (Héb., XI, 1).

Il aimait à découvrir dans ses auteurs favoris, anciens ou modernes, des pensées conformes à la saine doctrine. C'était, à ses yeux, une preuve irrécusable que la foi n'est pas incompatible avec la science. Pascal surtout faisait ses délices. Rien de plus naturel : c'était un philosophe chrétien. D'ailleurs l'esprit de notre bien-aimé n'était pas sans quelque analogie avec celui du solitaire de Port-Royal. Le recueil de ses *Pensées* était sa nourriture de prédilection, et rien n'égalait sa joie naïve quand il rencontrait dans cet ouvrage une pensée juste et finement exprimée. Il vint un jour tout radieux : il avait trouvé une traduction du chapitre XLIX d'Ésaïe, faite par Pascal lui-même. Il voulut le lire à sa mère et lui en signaler les sublimes beautés. La science, le génie surtout uni à une piété vivante, c'était pour lui le plus pur idéal.

Quelle vie remplie que la sienne ! Quand on parcourt la série d'articles littéraires qu'il a rédigés, surtout pendant cette année de Philosophie, on a de la peine à comprendre comment il a pu réunir tant de matériaux en si peu de temps. Nous avons trouvé, sous chacun de ces titres généraux : critique, prose, poésie, psychologie, théodicée, etc., un groupe d'études sur chaque auteur, sans compter une foule d'ébauches, de notes rapides, de pensées détachées, fruit de ses mûres réflexions. Quelles lectures variées ces documents ne supposent-ils pas ! Quel esprit d'analyse, quel goût littéraire ils nous laissent entrevoir ! Quelle activité, quelle habitude du travail ils nous révèlent chez lui, à un âge où tant de jeunes gens dissipent des heures si précieuses dans les frivolités ! Et ce recueil immense est intitulé : *Heures de loisir* !

Joignez à tout cela de nombreux extraits de prédications écrits pour son usage particulier, quelques méditations parfois originales, toujours profondes, quelques poésies, — sans parler de ses études classiques qu'il était loin de négliger, — et nous ne lui dénierons pas le droit d'écrire ces lignes :

« Le travail continuel et assidu occupe l'homme à une chose utile, le met dans l'impossibilité de penser et de s'occuper à une chose inutile ou mauvaise, le guérit de l'ennui, lui procure le repos, amène son développement physique et moral, lui fait sentir sa dignité, lui fait comprendre sa valeur, en ce qu'étant utile à la société, comme le sont ses semblables, il est placé sur le même rang.

## III

Revenons de quelques pas en arrière. Au commencement de 1879, son frère Hazaria, après avoir soutenu, en secret, un combat intérieur et persévérant, avait reçu le témoignage du pardon de ses péchés. Cette conversion aussi inopinée que réelle et sérieuse d'un frère qu'il aimait si tendrement, fut pour notre cher Misçaël un appel irrésistible. Il ne tarda pas à donner un accès libre à l'Esprit de la repentance et, à quelques semaines d'intervalle, il reçut, comme son frère, l'assurance que Jésus était son Sauveur. C'était aux premiers jours de mars 1879.

Dès son entrée dans la vie chrétienne, il montra une grande droiture de cœur et une résolution énergique d'être fidèle. Il alla trouver son père pour lui confesser des fautes bien légères et déjà bien anciennes. Inutile d'ajouter que son père non seulement lui pardonna avec bonheur, mais encore s'humilia devant une pareille délicatesse de conscience.

Il serait édifiant de suivre pas à pas l'expérience de ce bien-aimé, et la tâche serait pour nous aussi facile qu'agréable, parce qu'il avait coutume d'écrire ses impressions avec assez de régularité. Mais il faut se limiter. Nous communiquerons à nos lecteurs ce qui sera strictement nécessaire pour mettre en relief la physionomie morale de ce jeune chrétien : c'est une Notice et non une Biographie que nous écrivons.

Nous trouvons à la date d'octobre 1878 — six mois avant sa conversion — le résumé d'une prédication de M. Ed. Krüger, de Nimes, sur Ésaïe V et VI, où se manifeste déjà une grande connaissance de la vérité. Il termine cette esquisse par quelques réflexions sérieuses sur l'amour fraternel, et conclut par cette pensée remarquable : « Il n'y a point de vie spirituelle dans l'homme qui n'est pas porté à épancher son cœur dans le cœur d'un ami, et à s'entretenir des choses de Dieu. » Réflexion bien précoce chez un jeune homme inconverti !

A dater de mars 1879, époque de sa conversion, les documents de cette nature abondent et nous n'avons que l'embarras du choix. Nos amis liront avec plaisir une poésie, datée du 27 avril, composée à l'issue d'une prédication : c'est un extrait d'un nouveau genre et qui a sa valeur.

### ECCE HOMO !

Je visitais un jour une splendide salle
Où brillaient des tableaux de maîtres bien divers ;
Soudain, je m'arrêtai : Horreur ! un homme sale,
Hideux, souffrant, le corps tout rongé par les vers...

Je fus saisi d'effroi ; l'œil sombre de ce ladre,
Son visage flétri, son air de mendiant,
Sa main blanche de lèpre et qui, sortant du cadre,
Implorait la pitié, son regard suppliant,

Ses habits déchirés, — comme un jour de bataille,
Le drapeau triomphant, criblé par la mitraille :
Il semblait en lui seul réunir tous les maux.

Je n'osais contempler ce pauvre misérable.
Quel est ce criminel, cet être abominable ?..
— Le peintre avait écrit au bas : *Ecce Homo* !

Ce qui frappe dans la lecture de ces fragments, c'est la sincérité qui les caractérise. Il écrit en présence de Dieu, aussi met-il son cœur à nu ; on le sent palpiter dans ces pages émues. En voici un exemple :

« Dimanche 18 mai 1879. M. Krüger a présidé ce soir. Sa prière, je ne l'ai pas suivie. Cette prédication a été pour moi bien bénie. Dieu m'avait donné d'écouter, mais ma mémoire n'était pas assez en éveil pour conserver les choses que j'ai entendues... Le prédicateur a insisté sur les divers genres de tentations, depuis les plus grossières jusqu'aux plus subtiles : on ne peut en triompher que par la prière... La prière est le canal naturel entre l'homme et Dieu. Il faut prier avec persévérance si nous voulons demeurer vainqueurs... Ses exhortations allaient droit à mon cœur. Bref, cette prédication m'a réveillé et, comme il nous y a tous exhortés, je ne me coucherai pas sans avoir renouvelé mon alliance avec Dieu. »

Après une journée bénie, notre frère avait ainsi coutume, avant de se livrer au repos, de lier sa gerbe afin de ne laisser perdre aucun des épis qu'il avait glanés. Non content d'écouter la parole, il la mettait en pratique (Jacq., I, 22). On eût dit qu'ayant le vague pressentiment d'une mort prématurée, il « travaillait à son salut avec crainte et tremblement » (Phil., II, 12), prêtant « une plus grande attention aux choses qu'il entendait, de peur de les laisser écouler » (Héb., II, 1).

Voici une autre citation qui paraît confirmer cette supposition :

« Jeudi 7 septembre 1879. — M$^{me}$ Armengaud a présidé le culte. Le cantique 97, qu'elle a indiqué, a fait une vive impression sur mon âme, surtout ces deux versets :

« Celui qui croit en toi, ta bouche le déclare,
Accomplira, Seigneur, les œuvres que tu fis ;
Je crois ; mais d'où vient donc que mon âme s'égare
Si loin du droit sentier que toujours tu suivis ?

»Hélas ! c'est que souvent je tourne vers la terre,
Des yeux qui ne devraient s'arrêter que sur toi;
C'est qu'au lieu de chercher la délivrance entière,
Je refuse d'entrer au combat de la foi. »

« J'y ai retrouvé une partie de mon expérience. Combien je perds encore beaucoup trop de temps pour les choses de la terre, même légitimes ! Et n'est-ce pas une folie que de s'attacher à des objets *que l'on quittera demain peut-être* et dont on n'emportera même pas le souvenir ? Aussi :

« Pardonne-moi, Seigneur, ma folle résistance ;
Brise ce cœur léger qui te résiste encor ! »

Au mois de novembre 1880, après avoir complété son Baccalauréat ès-Lettres par son examen de philosophie, il demanda et obtint l'autorisation de demeurer à Montpellier — où son frère Hazaria venait d'être nommé Boursier auprès de la Faculté des Sciences, pour préparer sa Licence ès-Sciences mathématiques. Il avait le projet de suivre, comme simple auditeur, le cours de la Faculté de Médecine, tout en préparant, sans professeur, son Baccalauréat ès-Sciences. C'était pour s'initier plus rapidement aux études médicales, si nouvelles pour lui, et sans doute aussi pour réparer l'année qu'il estimait avoir perdue en redoublant sa Rhétorique.

Le succès dépassa son attente. Il fut reçu au mois d'avril Bachelier ès-Sciences, avec la mention *bien*. Ensuite, M. le Ministre l'ayant autorisé à prendre des inscriptions rétroactives pour le Doctorat, non seulement cette première année de médecine lui fut comptée, mais encore en juillet il subit avec succès les épreuves du premier Doctorat. Dans l'espace de neuf mois — de novembre en juillet — ce fut donc trois grands examens passés avec bonheur. Année bien remplie et magnifique début dans une carrière qui devait être brisée deux ans après : *Opera pendent interrupta* !

Ces succès n'étaient égalés que par sa modestie. A ses yeux, c'était tout naturel ; il n'y avait en cela rien d'extraordinaire, chacun pouvait en faire autant. « Il suffit, disait-il avec juste raison, de travailler avec application et persévérance. »

## IV

Ses études ne desséchaient point son âme, comme il arrive trop souvent. Il connaissait le secret pour conserver sa vie intérieure et même se maintenir en progrès. Il priait beaucoup, se nourrissait régulièrement de la Bible et allait se retremper souvent à Cette ou à Nimes auprès de ses conducteurs, auxquels il avait voué une affection toute filiale. C'est à Cette qu'il se rendait encore de préférence, à cause de l'Union chrétienne de Jeunes Gens qui s'y était fondée, et dont il était l'un des membres les plus actifs et les plus vivants.

Quelle affection profonde n'avait-il pas inspirée à ses jeunes amis ! Quel concours efficace, quel dévouement pour cette Union ! Il craignait toujours d'être aimé plus qu'il n'aimait lui-même, et cependant quel amour fraternel ne possédait-il pas ! Il était de ces Thessaloniciens à qui Paul écrivait : « Quant à l'amour fraternel, vous n'avez pas besoin qu'on vous en écrive, car vous avez appris vous-mêmes du Seigneur à vous aimer les uns les autres » (1 Thess., IV, 9). Aussi quelle explosion de sincère douleur à la nouvelle de sa mort ! Nous citerons à l'appui quelques fragments de la lettre touchante qu'un membre de l'Union de Cette écrivit à Hazaria, à la nouvelle de la mort de notre cher frère.

« 9 juillet 1883.

» Mon bien cher HAZARIA,

» J'ai reçu ce matin tes lignes nous annonçant la douloureuse nouvelle du délogement de notre bien-aimé frère. Cela nous paraît encore une illusion, que de penser que nous ne le reverrons plus ici-bas ! Cher, cher ami, combien je vois la profondeur de mon affection pour lui, maintenant qu'il n'est plus ! Nous avons été touchés jusqu'aux larmes... tellement la perte de ce bien-aimé déchirait nos âmes. Quelle perte pour toi, cher ami, pour ta famille, pour notre Union, pour l'Église de Dieu ! Combien douloureusement doit avoir été frappé le cœur de notre bien-aimée Mère ! Il est si vaste le champ du Seigneur et les ouvriers sont si peu nombreux ! Pourquoi faut-il que la mort fauche les plantes qui donnaient le plus d'espérance pour le moment de la moisson ? Heureux sommes-nous, si nous avons appris à trouver la volonté du Seigneur — quelque douloureuse qu'elle soit — bonne, agréable et parfaite. Peut-être est-ce à cause de l'incrédulité de nos cœurs que cette épreuve nous a été envoyée. C'est la première brèche faite parmi nous. Puisse-t-elle produire un réveil salutaire et béni en chacun de nous !... Je me berçais dans la douce illusion qu'après être, comme Amos, descendu jusqu'aux portes du tombeau, il serait miraculeusement délivré. Dieu en a jugé autrement ; que son saint nom soit à jamais béni !

» Combien j'aurais aimé de le revoir, ce bien-aimé frère ! Combien j'aurais serré dans mon cœur ses dernières paroles, ses dernières exhortations ! Mon âme aurait été bénie et réveillée en assistant avec vous à cette mort, ou plutôt à cette entrée dans la vie, dans la véritable vie. Veuille notre Dieu combler le vide, réparer la brèche, en suscitant parmi nous beaucoup d'âmes semblables à celle qui vient de nous quitter ! Et cette mort ne devrait-elle pas produire, parmi nos jeunes frères, un réveil nouveau, que nous devrions éprouver ensemble, mon cher ami, le besoin de nous unir pour nous consacrer au Seigneur tout entiers et pour faire, à nous deux, plus encore que nous n'avons fait jusqu'ici à nous trois. Dis, je te prie, à ton père, à ta mère, à ton frère Élie, la part que je prends à leur douleur. Misçaël n'était pas seulement pour moi un excellent ami, c'était un frère que j'aimais tendrement, et sa mort m'éprouve autant que si j'eusse perdu un frère bien-aimé selon la chair... Mon oncle Édouard et notre cher Néhémie vont être cruellement affligés. Je ne t'en dis pas davantage avec la plume. Si ton cœur est à l'unisson avec le mien — comme j'en suis certain — il t'en exprimera mille fois plus que ma bouche et ma plume ne sauraient le faire. Je prie pour que Dieu apaise la douleur de l'épreuve et lui donne de porter un fruit salutaire à mon âme.

»A vous tous par le cœur,
»H. Krüger. »

En feuilletant son Agenda, nous avons compris combien il avait à cœur la prospérité matérielle et spirituelle de l'Union de Cette et de quelle manière il prenait au sérieux ses fonctions de membre actif. Citons au hasard :

« Écrire aux jeunes gens étrangers à l'Union— ou aux membres isolés — des lettres sérieuses, d'expérience, de conseils, d'exhortations — une lettre au moins par semaine ! »

Quelques lettres conservées dans son Copie nous prouvent avec quel soin il tenait cet engagement pris avec sa conscience. Nous en reproduirons deux seulement : elles suffiront pour nous montrer comment il comprenait et pratiquait l'amour fraternel.

« Montpellier, le 28 mars 1883.
» Mon cher Müller,

» Je vous remercie de votre bonne lettre, et si je n'ai pu y répondre plus tôt, c'est que j'en ai été empêché par une maladie des yeux que j'attribue à l'usage exagéré du microscope. Je suis maintenant tout à fait bien, grâces à Dieu ! Les nouvelles que vous me donnez de votre santé m'ont fort réjoui. J'espère que la belle saison qui approche, les soins que vous prodigue votre famille, et surtout votre prudence éclairée d'étudiant en médecine, vous permettront d'éviter les alarmes que vous nous donniez quelquefois à Montpellier et de prévenir toute indisposition.

»Ne vous laissez pas trop absorber par vos études et par votre concours d'internat de Zurich, non seulement au point de vue de la santé de votre corps, mais aussi de celle de votre âme.

»Je sais que votre cœur est tourné vers les choses de Dieu, et ce que vous m'avez raconté de votre expérience intime m'a vivement réjoui. L'homme en effet ne peut pas vivre de pain seulement, c'est-à-dire de tout ce qui est légitime (santé, science, affections de famille, joies du foyer, amitié), mais de toute parole de Dieu. La piété a les promesses de la vie présente et celles de la vie à venir. Il ne faut pas perdre de vue qu'elle est la seule chose nécessaire. On se donne souvent beaucoup de peine pour acquérir les biens de la terre, on ne prend aucun repos. A un désir satisfait succède un nouveau désir aussi impérieux, et on oublie que la fin de toutes choses peut brusquement survenir, que l'heure de la mort sonnera bientôt, et qu'après la mort suivent le jugement et l'éternité. L'inclination de notre nature pervertie est de vivre comme si nous ne devions jamais mourir, tandis que la Bible appelle notre vie : une préparation à la mort.

»Ah ! il est bien précieux pour notre âme, en présence de l'égarement de tant d'hommes qui, dégoûtés chaque jour davantage de la vérité toute simple, semblent se complaire dans les erreurs les plus paradoxales, — il est bien précieux de sentir dans son cœur une foi vivante et inébranlable en cette Bible, ce Testament du Fils de Dieu lui-même, qui conserve à travers les siècles, et malgré les variations des opinions humaines, un caractère vraiment surnaturel de vérité et d'infaillibilité dans toutes ses pages !

»Puisque vous avez trouvé auprès de Dieu la paix du pardon, cet avant-goût des grâces permanentes qu'il veut nous accorder dès ici-bas, vous avez assurément remarqué que votre amour pour la Bible grandissait avec votre foi et votre confiance en Dieu. Avant tout, dans nos occupations quotidiennes, donnons le premier rang à la lecture et à la méditation de cette Parole qui nous révèle l'œuvre infinie de Dieu, — notre péché consistant, non seulement dans telles fautes particulières, variant de formes à l'infini et pouvant même n'être pas apparentes, mais plutôt dans cette perversion profonde de notre cœur qui, ne se souciant pas de connaître Dieu, s'est livré à l'idolâtrie de soi-même et des choses futiles de ce monde. Elle nous révèle aussi, en même temps, la profondeur de l'expiation et de la rédemption de nos âmes par Christ — ce Dieu Sauveur, — qui, s'étant chargé de nos péchés, a consenti à subir éternellement à notre place le châtiment qu'ils avaient attiré sur nous. Elle nous enseigne enfin quelle est la puissance que l'Esprit veut déployer en ceux qui croient, pour les rendre capables de faire le bien.

»Dieu a préparé, sans notre participation, tout ce qui est nécessaire à notre parfait salut. A nous de nous rendre, par la foi, possesseurs de cet héritage qui nous est également offert. Vous avez compris qu'il est un Dieu miséricordieux, lent à la colère, qui pardonne surabondamment nos péchés, lorsque nous nous repentons. Il faut encore croire que le sacrifice de Jésus-Christ, d'un Dieu fait homme pour notre âme humaine, nous a acquis le droit d'être délivrés à tout jamais du péché. « Christ est venu pour détruire les œuvres du Diable » (1 Jean, III, 8).

»Voilà, mon cher ami, les privilèges dont je vous invite à rechercher, comme moi, la possession. Écrivez-moi avec liberté tout ce qui se passe dans votre cœur : votre foi, vos doutes, vos combats, vos espérances, comme je viens de le faire brièvement. Il y a une grande joie à ouvrir son cœur à un ami. J'ai été instruit, dès ma jeunesse, avec le plus grand soin, des choses de Dieu par mes parents et mes pasteurs ; j'y ai cru de tout mon cœur, après avoir longtemps résisté. Notre situation, nos études, notre genre de vie, ont la plus grande ressemblance, et, comme je suis sorti victorieux des combats qui vous retiennent peut-être encore, je puis vous donner des conseils fort utiles, à charge d'en faire autant vous-même. Que Dieu nous donne une pleine liberté pour nous exhorter ainsi l'un l'autre.

»Adieu, mon cher ami; votre tout dévoué,            M. G. »

Celle adressée à Charles Wachsmuth (de Genève) offre un caractère d'intimité particulière ; il tutoie simplement cet ami et lui parle en toute liberté.

« Cette, le 28 mars 1883.
»Mon cher CHARLES,

»Je profite des vacances de Pâques pour m'entretenir quelques instants avec toi. Les grandes réunions qui devaient avoir lieu maintenant à Cette, ont été renvoyées au mois de septembre, à cause d'une indisposition de M. et de M<sup>me</sup> Armengaud, et de la grande fatigue de M. Krüger. Néanmoins, ce bien-aimé se trouvant ici, ainsi que plusieurs amis du Vigan et de Nimes, le dimanche de Pâques a été pour nous une journée bien bénie.

»La liberté des enfants de Dieu, — la simplicité avec laquelle nous pouvons adresser la répréhension en toutes circonstances— l'affranchissement des liens où nous sommes souvent retenus par la crainte des hommes et du « qu'en dira-t-on ? »— l'acceptation joyeuse et franche de la volonté de Dieu,—la beauté de l'amour fraternel qui nous rend capables de compatir aux maux de nos frères : —toutes ces vérités, développées avec détail par notre bien-aimé, ont fait du bien à mon âme. Les fautes contre l'amour fraternel sont les plus sensibles pour moi, car l'amour fraternel comme l'amour filial sont les sentiments qui nous sont le plus impérieusement demandés quand nous nous tournons vers Dieu. La loi est tout entière dans cette seule parole : « Tu aimeras Dieu de tout ton cœur et ton prochain comme toi-même ».

»L'Union Chrétienne, qui nous met en contact permanent les uns avec les autres, est un précieux moyen pour nous rendre attentifs à ce qui nous manque et nous faire sentir la disproportion entre l'œuvre à accomplir et les forces dont nous disposons. Ces réflexions m'ont fait apprécier mieux que jamais la nécessité d'avoir sans cesse recours à l'Esprit de Dieu pour vaincre d'abord, détruire ensuite les sentiments impurs de notre cœur. Tant qu'il reste un peu de levain (Gal., V), il peut faire fermenter la pâte. La recherche de la vaine gloire nous tient à cœur ; nous nous glorifions de nos dons comme si nous ne les avions pas *reçus* (1 Cor., IV). Aucune de nos œuvres ne peut être entièrement agréable à Dieu. Quoique nous ayons posé le fondement, nous ne serons sauvés qu'au travers du feu et *toutes* nos œuvres seront consumées. Ce qui n'a pas été fait *par* Dieu ne peut avoir été fait *pour* Dieu.

»Cher ami, nos cœurs ne se lasseront-ils pas d'être toujours inconstants dans toutes leurs voies, jamais en paix avec nous-mêmes, pendant que Dieu place devant nos yeux la promesse de nous faire habiter en repos, dans le « pays qu'il a juré à nos pères de nous donner » ? (Jérémie, XXXII, 22.)

»Notre foi en Dieu doit reposer sur ces deux assises inébranlables : la connaissance de notre cœur et celle du cœur de Dieu. Quand il ne se trouverait en nous aucune opposition à la prédication de l'amour divin, si nous n'avons point cru à notre perdition totale, les choses de Dieu sont pour nous « des fables artificieusement composées ».

»Pour comprendre l'étendue du sacrifice de Jésus, il faut avoir mesuré toute l'étendue de son péché : ce sont deux choses inséparables. Nos fautes de chaque jour qui varient à l'infini de forme et de nature, les sentiments mauvais que nous découvrons en germe au fond de nos cœurs, cette tristesse et cette langueur qui nous accablent dès que notre foi s'affaiblit, rien de tout cela ne suffit pour former en nous la conviction de péché. La loi n'est qu'un pédagogue pour nous *amener* à Christ. Ce n'est ni ce que nous entendons ni ce que nous voyons qui brisera nos cœurs, c'est l'action de l'Esprit-Saint. Il faut croire à notre péché, comme nous croyons au Rédempteur. Nous pouvons nier la corruption absolue de notre cœur, comme quelques-uns nient le sacrifice expiatoire de Jésus-Christ. Il dépend de nous d'incliner notre cœur et de laisser Dieu former en nous une repentance qui dépasse la mesure de nos iniquités extérieures, afin que nous puissions dire sincèrement, comme nous l'enseigne notre chère Mère : « Pardonne non seulement les fautes que je connais, mais pardonne encore celles que je ne connais pas ! »

»Voilà la vraie repentance, celle qui livre sans pitié le vieil homme aux coups de la puissance divine, quand cette repentance est unie à la foi. La foi semble être tout dans l'œuvre de notre salut, et rien de plus réel. Dieu nous a préparé, sans nous, une rédemption parfaite et gratuite; par la foi, notre âme accepte, de sa main, toutes ces grâces qu'il nous a préparées, convaincue de son impuissance à atteindre jamais le bonheur et la paix.

»Celui qui pratique la vérité qu'il connaît, est mon ami, dit le Sauveur ; j'entrerai chez lui et demeurerai avec lui.» Ah! il est bien facile de prêcher le salut sans y croire par le cœur, sans l'avoir obtenu, sans l'avoir même cherché avec persévérance : c'est là de l'hypocrisie, cette forme que le péché revêt le plus aisément pour nous endormir dans l'illusion. Crions sans cesse à Dieu qui nous entend et dont le secours ne nous fera jamais défaut.

»Merci, mon cher ami, pour les bons conseils que tu me donnes, et béni soit Dieu qui te rend vainqueur des tentations dont t'entoure le Malin! Soutenons-nous de loin par la prière, et que Dieu nous donne plus de liberté, — à moi surtout — car c'est là ce qui nous empêche le plus souvent de nous écrire.

» Ton frère en la foi, M. G.»

Une telle correspondance n'a pas besoin de commentaire. Il serait trop facile d'y puiser un sujet de louange pour notre bien-aimé et de critique pour les jeunes chrétiens de son âge. Nous préférons que nos jeunes amis fassent eux-mêmes le rapprochement entre cette correspondance et la leur. Et si, rentrant dans leur conscience, ils se sentent repris par l'Esprit du Seigneur, qu'ils disent avec simplicité : « Seigneur, humilie et pardonne ! »

Écrire à ses amis était une tâche que son humilité lui faisait trouver difficile; mais les visiter chez eux, pour s'entretenir des choses de Dieu, lui paraissait un devoir au-dessus de ses forces. Nous trouvons dans son Agenda cette phrase bien significative, où ce combat est mis en évidence :

« Visiter les amis en chrétien, c'est pour moi une chose très difficile. »

Plus jaloux de ses droits que de ses devoirs, après avoir considéré le devoir en face, il cherchait auprès de Dieu la force pour l'accomplir.

C'est quelques mois avant d'écrire ces dernières lettres qu'il composa cette gracieuse poésie. Si elle n'est pas irréprochable dans la forme, elle est du moins touchante par son caractère éminemment subjectif. Inutile d'ajouter qu'elle n'était nullement destinée à voir le jour :

## LA ROBE DE NOCES.

(Symphonie en blanc majeur. — Imitation de Th. Gautier.)

Jésus l'a dit : il la faut pure,
Blanche, la robe d'invité ;
Que, vierge de toute souillure,
Elle éblouisse de clarté.

Plus blanche que la blanche laine
De l'agneau broutant dans les prés,
Ou que la marguerite-reine,
Émaillant les champs diaprés.

Plus blanche que n'est la colombe
Perchée au faîte du manoir,
Que la blanche neige qui tombe
Quand scintille l'astre du soir ;

Que cette aubépine qui plie
Sous le blanc frimas de ses fleurs,
Lorsque mai joyeux multiplie
Ses présents, doux avant-coureurs.

Cette robe, ami, c'est notre âme.
— Dieu la veut-il pure à ce point ?
Irai-je en l'éternelle flamme
Si blanche, pure elle n'est point ?

— A chaque invité Dieu l'accorde.
— Oui ; mais qui sera convié ?
— Le Seigneur fait miséricorde
A tout pécheur humilié.

## V

Pendant les deux ans et demi que Misçaël demeura à Montpellier, il sut se concilier l'estime et l'affection, non seulement des amis qui l'entouraient, mais encore des professeurs avec lesquels ses études le mettaient en relation directe. Nous n'en voulons d'autres preuves que deux lettres touchantes de deux de ses professeurs, reçues, l'une pendant sa maladie, l'autre par ses parents, après sa mort. Nous ne les publierons pas ; cela nous entraînerait trop loin.

Ceux qui ont vécu près de lui, même les plus indifférents, rendent témoignage à l'aménité de son caractère. Un jeune employé des Télégraphes, que ses sœurs pieuses lui avaient recommandé pendant qu'il résidait à Montpellier, écrivait d'Hyères, où il habite depuis peu, à celle de ses sœurs qui lui annonça cette mort foudroyante :

«... Qu'il était bon, ce cher ami ! Que de fois, durant mon séjour à Montpellier, il m'emmenait chez lui et m'exhortait à fuir les mauvaises compagnies et toutes sortes de tentations! Il me parlait souvent de mes chers parents de Nimes (tous pieux), de ma chère cousine Fanny, de toi, chère sœur, de M. Krüger, enfin de tous ceux qui désirent mon bien. Oh! je t'assure que je n'oublierai jamais ce cher ami! Lorsque j'étais libre, à Montpellier, je n'avais qu'à aller chez lui : j'étais toujours bien reçu et j'y trouvais abondance de livres et de journaux. Et dire qu'il me tardait de changer de résidence! Oh! que la jeunesse aime la frivolité et l'indépendance! »

Dans sa carrière spirituelle, hélas! si vite interrompue — puisqu'elle n'a duré que quatre ans et demi — il édifiait ses frères par l'attention soutenue qu'il apportait dans les assemblées : c'était un excellent auditeur ; par les prières vivantes et sincères qu'il faisait monter vers le Seigneur au milieu de ses amis et par les trop rares exhortations qu'il a adressées, soit à l'Église de Montpellier, soit à celles de Nimes et de Cette — et que l'on écoutait avec cette sympathie qu'inspire toujours un jeune prédicateur dont la vie chrétienne est en harmonie avec ses enseignements.

Nous avons conservé l'extrait, malheureusement bien succinct, de sa première prédication. C'était à Nimes, le dimanche 22 janvier 1882, qu'il fut appelé à faire ses premières armes. Il eut besoin d'un grand effort pour surmonter sa timidité naturelle, mais il obéit simplement, en se confiant dans le Seigneur.

Après avoir lu d'abord les deux premiers chapitres de l'Évangile de Luc, et le chapitre IX de Daniel, il ajouta ces quelques réflexions, fruit de sa propre expérience, car sa parole n'alla jamais au-delà de sa pensée :

Je me suis laissé gagner par les bontés de notre Dieu, sans avoir eu besoin de châtiments. C'est bien humiliant pour l'homme d'avoir besoin d'être frappé afin de rebrousser chemin vers les témoignages de Dieu. Pourquoi attendrions-nous les épreuves pour entrer dans les voies de la justice? Que nous manque-t-il pour nous convertir? Dieu nous environne de ses compassions et de son amour. Nous possédons la Bible et les instructions qu'en tire pour nous le Saint-Esprit. Nous avons des pasteurs qui nous enseignent avec intelligence et amour, des conducteurs ayant un cœur de père, créés à l'image de Jésus en justice et en sainteté véritables, ressemblant à Christ comme l'empreinte au sceau. Nous avons des frères pour cultiver ensemble l'amour fraternel, pour nous parler en toute vérité et nous exercer à prier ensemble et les uns pour les autres. Je me suis engagé dans la bonne voie ; je veux m'y affermir et y avancer de plus en plus pour mon propre bien et pour le bien de mes semblables. Nous appartenons à Sion, nous sommes les rachetés d'un même Sauveur, les chers enfants du même Dieu ; unissons-nous toujours plus étroitement ensemble, veillant les uns sur les autres, priant les uns pour les autres et nous exhortant mutuellement à la charité et aux bonnes œuvres. Que notre Dieu nous bénisse tous abondamment ! Amen.

« Quel beau début ! » disait M$^{me}$ Armengaud en l'écoutant. Mon Dieu, que d'espérances déçues ! que de projets anéantis ! « Toute chair est comme l'herbe et toute sa gloire est comme la fleur d'un champ. L'herbe est séchée, sa fleur est tombée parce que le vent de l'Éternel a passé dessus » (Ésaïe, XI, 6, 8).

On est d'autant plus attristé de cette fin prématurée que l'on a mieux pénétré dans son expérience intime. Quel esprit sérieux, quelle piété sincère ne découvre-t-on pas dans cette délicieuse poésie où il raconte si naïvement les combats de son âme :

### MÉDITATION

> Éternel, que la méditation de mon
> cœur te soit agréable.
> Ps. XIX, 15.

Non, Seigneur, ce n'est point au dehors que s'arrête
    Ton œil trop pur pour voir le mal ;
Tu perces de mon cœur l'inviolable retraite,
    Siège du pouvoir infernal.

Sous des voiles épais, en vain un hypocrite
    Cache ses sinistres desseins ;
Ton regard pénétrant, comme un glaive, visite
    Et sonde son cœur et ses reins.

Sois béni ; j'ai compris, Seigneur, à ta lumière
    L'abîme où Satan m'entraînait,
Et tu m'as révélé l'incurable misère
    Qui, loin de toi, me retenait.

Peux-tu me repousser si, reniant le doute,
  Je cherche en toi seul mon secours ?
Si, brisé de douleur, mon pauvre cœur n'écoute
  Que toi, dès cette heure, à toujours ?

Non, non, tu m'aimes trop ! « Quand bien même une mère
  Délaisserait son jeune enfant,
J'accueillerais, dis-tu, comme le meilleur Père,
  L'enfant prodigue repentant. »

Seigneur, je me confie à ta sainte promesse,
  Et, de ce trône où tu t'assieds,
Que sur moi ton regard avec amour s'abaisse :
  Je veux me tenir à tes pieds.

Dans ce triste désert, ton amour me console :
  Je le savoure, je le sens ;
Il s'exhale pour moi de ta Sainte Parole,
  Comme le plus suave encens.

Qu'il est grand cet amour ! Non, je ne puis comprendre
  Son insondable profondeur ;
Et c'est cet amour pur qu'il t'a plu de répandre
  Jusqu'au plus profond de mon cœur.

Je suis faible, il est vrai ; mais que pourrais-je craindre
  Quand l'Éternel est mon rempart ?
N'ai-je pas fait le vœu de ne jamais rien feindre,
  Rien dérober à son regard ?

Tel que je suis, Seigneur, tremblant, plein de faiblesse,
  Je me livre à toi tout entier ;
Dans la vie ou la mort, l'épreuve ou l'allégresse
  Sur toi seul je veux m'appuyer.

Mars 1879.

Depuis sa conversion jusqu'à l'heure de son délogement, l'œuvre de Dieu dans son âme a suivi une marche constamment progressive. On se rend compte de ce développement régulier et normal, soit dans sa correspondance, soit dans ses pensées souvent originales, toujours justes et pratiques, qui résument un monde de réflexions. Elles sont pour la plupart le reflet de ses vives impressions, de ses combats, de ses délivrances. Voici les plus saillantes parmi celles que nous avons glanées dans ses divers manuscrits [1] :

« La chose la plus difficile et la plus simple, — la plus noble et la plus vulgaire — la plus rare et la plus commune — c'est de se connaître soi-même. »

« C'est l'épée qui atteint le cœur, qui tue ; les autres blessures sont graves, mais ne sont pas mortelles. »

« Croire, ce n'est pas combattre, c'est vaincre » (1 Jean, v. 4).

« Une victoire remportée sur le péché, par nos propres forces, est une terrible défaite. C'est le triomphe de l'orgueil sur une manifestation frappante du même orgueil. Gagner ainsi, c'est perdre et s'enfoncer plus avant dans le mal. *Væ victoribus* ! »

« On prie souvent, non pour demander, mais pour offrir. On demande non pour obtenir, mais pour paraître demander. »

« La résolution, le bon vouloir, la prière où l'on ne cherche qu'un stimulant pour sa volonté : Folie ! En nous rien, *rien*, RIEN ! »

« La prière est à la fois cause et effet. C'est la condition nécessaire de la paix intérieure — et le résultat de notre réveil spirituel et de notre combat. »

« La raison trompe quelquefois, la conscience jamais ; l'une est de l'homme, l'autre est de Dieu. »

« Souvent la maladie du corps est nécessaire à la santé de l'âme. »

« Satan a dit : « Vous serez comme des Dieux ! » — et Jésus : « Soyez parfaits comme notre Père céleste est parfait. »

« Satan a dit : « Que l'homme s'élève à cette hauteur par ses propres forces. » — et Jésus : « Que l'homme parvienne à cet état glorieux en s'humiliant et en obéissant. »

---

[1] Quelques-unes ont été écrites à la suite de prédications entendues : elles ne lui appartiennent donc pas absolument, le sujet lui en avait été fourni par la prédication même.

« Dieu ne dépouille que pour revêtir lui-même. »

« J'ai péché ! » Que d'hommes, dans la Bible, ont prononcé cette parole, et parmi ceux-là mêmes qui l'ont prononcée sincèrement, il n'y a pas deux expériences identiques. — Comparez : Josué, VIII. — Saül. — Psaume LI. — Enfant prodigue, etc. »

« La pierre de touche de la repentance, c'est la réponse que fait à chacun Dieu ou celui qui le représente. »

« Il y a une condamnation sans miséricorde, — et une miséricorde sans condamnation. »

« Le changement opéré, dans le cœur, par l'Esprit est indestructible ; l'œuvre du pardon peut être perdue. »

« Le corps peut se fatiguer par un culte prolongé ou par des combats spirituels pour nos frères ; — l'âme ne doit jamais être fatiguée.

» Si je croyais au Dieu que je connais, combien ne serais-je pas tout autre ! »

« Toutes les questions relatives à l'homme (origine, nature, destinée) ne peuvent se trancher que par la foi, comme celles qui ont rapport à Dieu : ce fait explique la divergence des solutions proposées. »

« Les chrétiens n'ont pas le droit d'être indifférents aux grandes questions sociales. Noblesse oblige. Le christianisme, mieux que tout autre système, peut porter remède à tout. »

« Le désir de plaire et la crainte de déplaire sont également mauvais : tous deux dérivent de l'orgueil. De la prédominance de l'un ou de l'autre, et de leur combinaison à divers degrés, naît toute la série des défauts et des caractères. »

« En général, les épreuves sont comme les eaux du déluge. La vraie foi, pareille à l'arche, s'élève toujours au-dessus de l'épreuve. La foi fausse, la confiance en nous-mêmes, permet à l'homme de s'élever plus ou moins haut : — qui, sur un arbre ; qui, sur une colline ; qui, sur une haute montagne. Mais lorsque l'épreuve arrive à son comble, toute force humaine est impuissante, tous les incrédules succombent. La foi pure, vivante, de l'âme que Dieu dirige, surnage seule. »

« Le péché, c'est l'absence d'amour de Dieu. A Dieu, Satan a substitué, non lui-même, mais une idole : le moi ! »

« Dans nos rapports avec les hommes, le péché s'appelle *orgueil*; — dans nos rapports avec Dieu, il s'appelle *incrédulité*;— dans nos rapports avec nous-mêmes, c'est l'*impuissance* et la *folie*. »

« Archimède disait : Donnez-moi un point d'appui et je soulèverai le monde — Christ est le point d'appui, hors du monde; — l'Évangile, c'est le levier. — Ils seront toujours impuissants ceux qui raccourcissent la loi de l'Évangile —ou qui éloignent le point d'appui. »

« Si jamais, en lisant l'Écriture, tu te heurtes contre une pensée qui te soit une pierre de scandale, ne doute point de cette promesse : « Celui qui croira en moi ne sera point confus ». Commence par croire, et tu trouveras sous le scandale imaginaire une abondante et sainte utilité. »

La lecture de ces pensées détachées ne laisse-t-elle pas l'impression que ce bien-aimé avait pris la piété au sérieux, qu'elle était pour lui la seule chose nécessaire, et qu'il ne s'est jamais « détourné de la voie de la justice après l'avoir connue » ? (2 Pierre, II, 21.)

Toutefois, le travail spirituel auquel il s'adonnait avec énergie ne nuisait pas plus à ses études médicales qu'il n'avait nui à ses études classiques, quelques années auparavant. Lorsque, au mois d'avril 1883, il se présenta devant le Jury d'examen pour la première partie de son second Doctorat, il obtint un succès extraordinaire. Seul, parmi ses condisciples, il obtint la mention *très bien* ; aussi fut-il chaleureusement félicité par ses examinateurs. Il annonça ce résultat heureux à ses parents dans cette lettre, où respire la plus sincère modestie :

Mes chers parents,... Je viens de terminer mon examen. Dieu m'a bien soutenu. J'ai pu répondre à toutes les questions qui m'ont été adressées de manière à satisfaire tous mes examinateurs.... Vous donner les détails serait long pour moi, et pour vous de médiocre intérêt... Je m'étendrai sur ce sujet dans ma lettre à Élie. J'ai obtenu la mention *très bien*: j'ai été le seul. Il ne faut pas croire que je sois plus capable que tous mes camarades ; j'ai eu du bonheur, voilà tout. Mes examinateurs m'ont félicité, les uns après les autres ; leurs louanges me paraissaient exagérées : qu'ai-je fait d'extraordinaire ? Cependant, comme ils sont unanimes, il faut bien qu'ils aient trouvé dans mes réponses quelque chose de particulier ; c'est à cause de cela que je vous en parle. Mes professeurs auront, je crois, confiance en moi ; cela rendra mes autres examens moins redoutables pour moi ; du moins je me sentirai plus libre et plus assuré.... »

# VI

L'année 1883, la dernière, hélas ! de sa vie, si bien remplie à tous égards, a été signalée par un événement bien solennel — le tirage au sort — qui mit en évidence la fermeté de sa foi et la pureté de l'œuvre qui s'était accomplie sans bruit dans le fond de son cœur. « Les bonnes œuvres qui ne sont pas d'abord manifestes ne peuvent demeurer toujours cachées » (1 Tim., V, 25), car « Dieu n'allume point une lampe pour la mettre sous le boisseau, mais il la met sur un chandelier afin qu'elle éclaire tous ceux qui sont dans la maison » (Matth., V, 15).

Déjà, deux ans auparavant, un de ses meilleurs amis, soldat comme il était sur le point de le devenir, avait refusé de prendre les armes et s'était exposé, pour demeurer fidèle à ses convictions religieuses, à toutes les rigueurs du Code militaire. Notre bien-aimé frère avait suivi, avec prières, toutes les péripéties de cette lutte étrange entre la conscience d'un chrétien sincère — loi inflexible — et les exigences d'une loi humaine, non moins inexorable. Quand son ami courageux eut été condamné, par un conseil de guerre, à un an de prison, pour avoir rendu ce noble témoignage, que le service militaire actif est incompatible avec

« la piété qui est selon Jésus-Christ » (2 Tim., III, 12), notre cher Misçaël compâtit à ses liens, comme s'il eût été lui-même dans les chaines (Héb., XIII, 3). Il se réjouit extrêmement de sa délivrance lorsque, à l'expiration de sa peine, cet ami fut appelé à rejoindre, comme infirmier, un corps expéditionnaire dans les colonies.

Nourri dans la même doctrine et animé de la même foi, Misçaël avait pris, comme le jeune Daniel, la ferme résolution, dans son cœur d'obéir à Dieu, quelles que fussent les conséquences de sa fidélité, convaincu que le secours du Seigneur ne lui ferait jamais défaut.

Il était résolu à ne point prendre les armes. Ce n'était nullement pour se soustraire à cette lourde charge qu'impose à tout Français son titre de citoyen, car il demandait à faire un service beaucoup plus long et il aurait consenti de bon cœur aux corvées les plus pénibles dans l'armée, à la seule condition d'être exempté du maniement des armes. C'était encore moins la crainte du danger. Car pendant la guerre il eût accepté, sans hésiter, les postes les plus dangereux sur le champ de bataille, comme de relever les blessés ou toute autre charge aussi périlleuse. Il a d'ailleurs prouvé qu'il savait affronter le danger avec calme, quand le devoir le commandait, puisqu'il est mort victime de son dévouement.

Lui objectait-on que le simple maniement des armes n'est pas nécessairement la guerre, et qu'il n'oblige à rien de contraire à la conscience, il répondait avec douceur et fermeté : « C'en est l'apprentissage. Or, apprendre un art qu'on a fait vœu de ne jamais pratiquer, c'est de l'hypocrisie. Prendre rang parmi les combattants avec la résolution de décharger son fusil en l'air, de peur de blesser un ennemi, c'est une forfaiture dont le chrétien ne peut se rendre coupable. D'ailleurs, en temps de paix, le refus formel d'apprendre l'exercice militaire est l'unique moyen de rendre publiquement témoignage à nos convictions religieuses.

« La guerre, disait-il, est plus qu'un fléau, c'est un crime de lèse-humanité. Le vrai chrétien ne peut s'en rendre complice sans renier les principes d'amour et de fraternité qui sont à la base du christianisme. En face de cette calamité nationale, notre devoir est de nous mettre à la disposition de nos supérieurs pour occuper tous les emplois, quelque pénibles, quelque dangereux qu'ils soient, pourvu qu'ils n'exigent jamais de notre part l'usage des armes : il y a plus d'une manière de servir dignement son pays. »

Ces dispositions sont plus rares qu'on ne serait tenté de le croire. Cependant elles sont plus faciles à comprendre chez un jeune homme sincèrement pieux et qui « cherchait à rendre pures ses voies en y prenant garde selon la Parole » (Ps. CXIX, 9). La Bible est si claire, si formelle pour condamner la guerre ! «Aimez vos ennemis, bénissez ceux qui vous maudissent ! » et que de déclarations non moins positives. Indiquons les plus saillantes : (Matth.,V. 5,9 ; Jean, XIII, 35 ; Éph., IV, 2 ; 1 Pierre, III, 8,9 ; Luc, VI, 31 ; Rom, XIII, 19,21, etc.). Comment trouver étrange qu'il répugne à un chrétien de tuer son semblable qu'il n'a jamais connu, par la seule raison que son gouvernement a un dé mêlé avec le nôtre !

Son père, tout en se réjouissant des dispositions intérieures de son enfant, redoutait pour lui les privations de toute nature, les souffrances morales, pires encore, d'une incarcération dont la durée pouvait être indéfinie, et surtout les combats pénibles qu'il aurait à soutenir pendant cet éloignement de tous ceux qu'il aimait. Il souhaitait, avec ardeur, de le soustraire à cette rude épreuve et déployait toute son énergie pour tourner un obstacle qui lui semblait insurmontable. Misçaël suppliait son père de ne faire aucune démarche à ce sujet, et déclarait vouloir s'en remettre simplement à la volonté de Dieu, qu'il avait fait vœu d'accomplir tout entière. C'était avec autant de fermeté que de simplicité qu'il rendait ce beau témoignage. Il avait fait d'avance le sacrifice de sa position sociale, de son repos, de sa vie même, pour obéir au Seigneur, comme le fidèle Israélite dont il portait le nom.

C'est ce qui ressort des diverses lettres qu'il écrivit à cette époque et surtout de celle qu'il adressa, après son tirage au sort, à cet ami intime qui avait porté sa croix avec tant de courage.

« Montpellier, le 28 mars 1883.

» Mon cher N...,

» Je suis en présence de cet appel auquel tu as répondu et auquel je me propose de répondre moi-même d'une manière conforme à la volonté de Dieu. J'ai tiré le n° 148, sur 206 conscrits ;.... ce numéro sera certainement mauvais. Le conseil de revision est affiché pour le 2 mai... Je sens déjà que cet appel a été précieux pour mon âme, et un moyen de recevoir beaucoup de bien. Dernièrement, on me faisait remarquer que je n'ai jamais pris légèrement mon parti de faire comme le grand nombre. C'est en effet vrai, mais je ne me rendais pas compte qu'il n'en fût pas de même de tous mes autres amis. Les dispositions qui se trouvaient en moi, sans que j'eusse bien au juste pesé toutes les conséquences d'un tel acte, sont allées en s'affermissant, quoique je comprenne mieux aujourd'hui tout ce qu'il peut m'en coûter d'obéir. Les tentations ni les raisonnements de l'ennemi n'ont pu me faire varier ; grâces soient rendues à Dieu !

» La crainte de Dieu, lorsqu'elle est bien formée dans le cœur, bannit toute crainte humaine et donne une hardiesse et une fermeté que les hommes ne connaissent pas. Cette véritable liberté (Gal., V, 1), fondée sur l'abaissement parfait du cœur, n'a jamais rien de pénible pour celui qui la possède et ne peut donner prise au blâme, à la malice, à la sévérité de ceux qui nous entourent, car ils n'ont jamais rien à nous reprocher en fait d'orgueil ou d'obstination.

» Mais il faut que la repentance ait pénétré jusqu'au fond de notre cœur, que notre humilité soit entière aux yeux de Dieu pour lui dire en toute sincérité : « Non point à nous, Éternel, mais à ton nom donne gloire ! » (Ps. CXV.) Et l'on peut être dans ce chemin comme enfant ou comme homme fait. Il importe de bien comprendre que l'appui de Dieu nous est nécessaire en tout et que cela seul qui est fait *par* lui, sur notre consentement et à notre prière, lui est agréable. Il ne suffit pas de voir le mal en nous, l'orgueil, l'absence d'amour ; il faut encore être convaincu que nous ne pouvons rien pour le détruire et *croire* que l'Esprit seul peut nous délivrer. De même que le cœur régénéré n'a aucune puissance *contre* la vérité, mais seulement *pour* la vérité, de même le cœur naturel n'a de puissance que *pour* le mal et aucune *contre* le mal. Mais « le Fils de Dieu a paru pour *détruire* les œuvres du Diable ! » (1 Cor., XIII — 1 Jean, III, 8.)

»Tous ceux qui ont beaucoup exercé leur foi, et nous-mêmes, avec notre propre expérience, nous sommes unanimes pour déclarer que Dieu n'a jamais fait défaut à ceux qui se sont attendus à Lui, — que le bonheur et la paix intérieure qu'Il accorde à ses enfants sont, non seulement plus doux et plus précieux que toutes les joies du monde, mais encore ne peuvent être ni troublés ni altérés par aucune épreuve, tant que nous conserverons la foi. Si c'est là ce que nous croyons, nous ne devons pas craindre de le confirmer par nos actes, lorsque Dieu nous y appelle.

»Mon cher ami, à mesure que la vérité m'est enseignée avec soin et détails, et que je la comprends mieux, je ne suis heureux qu'en recherchant auprès de Dieu, par la prière, la réalisation de toutes ces promesses en ma faveur. Dieu me fait du bien, il détruit mes illusions. Je sens que l'œuvre de la repentance s'approfondit dans mon cœur. Il dessille mes yeux, il m'apprend à me vaincre moi-même et à accomplir sa volonté. A mesure que mon cœur est ainsi fouillé et mis à nu, j'y découvre bien des choses mauvaises auxquelles je n'avais pas encore bien cru, mais je ne me décourage pas. Je désire me bien connaître, voir toute l'étendue de mon péché, non pas seulement dans ses fruits, mais dans sa racine. La Bible parle à mon cœur ; la prière m'est plus facile. Car il m'a été longtemps pénible de me repentir, et la prière sans repentance, par conséquent sans pardon, ne peut satisfaire le cœur. Je veux rechercher cette foi qui aplanit toute difficulté ; c'est lâcheté ou hypocrisie que de ne pas poursuivre l'accomplissement des promesses que l'on a reçues et enseignées, avec sincérité, sous l'influence du Saint-Esprit.

» Je sais que ce sont là aussi tes désirs, mon cher ami ; agissons courageusement et persévérons dans la prière.

»Ton frère en la foi,
»M. Gilly. »

Misçaël craignait tellement de transiger avec son devoir, que, sur la proposition de son père d'entrer dans la médecine militaire où, tout en s'acquittant de sa dette envers l'État, il ne courait point le risque d'être appelé à manier les armes, — puisque les jeunes gens affectés à ce service ne sont astreints à aucun exercice militaire, — il ne voulut prendre aucun engagement avant d'avoir consulté ses pasteurs, en qui il avait une confiance absolue. Il craignait que son père, dominé par l'ardent désir de lui épargner toute épreuve, ne fût pas assez impartial pour juger sainement dans une affaire, pour lui, si délicate. Ce fut seulement après que ses conducteurs spirituels eurent émis un avis favorable qu'il se décida à faire les démarches préliminaires.

Quelle confiance absolue, quel amour filial n'avait-il pas pour ses conducteurs ! Il avait compris de bonne heure combien est légitime cette autorité de l'amour ; aussi l'avait-il acceptée de tout cœur et s'y soumettait-il avec joie. Il pratiquait sans réserve ce commandement de l'Apôtre : « Obéissez à vos conducteurs et soyez-leur soumis, car ils veillent sur vos âmes » (Héb., XIII, 17). Et c'était avec liberté et « non en gémissant » que ses pasteurs lui prodiguaient leurs conseils, leurs enseignements et leurs répréhensions. Nous pourrions citer bon nombre de faits à l'appui; nous préférons reproduire ce fragment d'une lettre qu'il écrivit à M. Krüger, de Nimes, le 5 mai 1883, peu de temps avant sa maladie.

«... En définitive, nous sommes entre les mains de Dieu. Ses voies ne sont pas nos voies. Il accorde la guérison aux Nahaman, à des méchants même, et la refuse aux Paul qui la lui demandent avec foi. Quoi qu'il en soit, — « les jours de ceux qui cherchent à lui plaire — lui sont toujours et chers et précieux ».

»J'ai hésité un bon moment avant d'ajouter la phrase suivante : *Pour moi, je me sens, comme les Galates*[1], *disposé à me charger de vos maux, afin que vous en soyez soulagé.*

»Je puis bien le dire ; mais cette hésitation ne prouverait-elle pas que l'amour pour mes conducteurs est loin de jaillir de mon cœur avec abondance ? Et quand je me rappelle en même temps combien peu je prends part aux diverses épreuves de tous ceux qui m'aiment d'un amour semblable à celui de Dieu (Jean, XII, 12), dès que je suis un peu éloigné de l'Église, j'ai tout lieu d'être mécontent de moi-même et j'ai bien besoin du pardon de Dieu. Je suis cependant heureux de me dire,

»Votre fils en la foi,
»M. GILLY.»

---

[1] Cette expression « *comme les Galates* » ne signifie pas *de la même manière qu'eux* ». Misçaël voulait dire : « Je puis, à mon tour, prononcer la parole des Galates (Gal. IV, 15) ». Ceux-ci, sous les influences, se seraient arraché les yeux pour les donner à Paul ; celui-là écrit de sens rassis et après avoir mûrement réfléchi.

Toute difficulté était donc désormais aplanie, toute épreuve définitivement écartée. Hélas! une épreuve bien autrement terrible allait fondre sur nous. Il devait passer ses examens le 21 août, pour entrer dans sa nouvelle carrière, et le succès ne nous paraissait guère douteux. Et c'est au moment où l'avenir s'ouvrait devant nous radieux que la mort de ce bien-aimé était imminente !

---

# DEUXIÈME PARTIE

## DERNIERS MOMENTS DE M. GILLY.

Misçaël passa à Nimes le dimanche 17 juin. Le lundi, il trouva à Montpellier plus de 20 soldats du génie malades à l'hôpital de la fièvre typhoïde ; il en entra 80 dans la même semaine.

Comme il n'était encore que simple stagiaire, il aurait pu facilement se préserver d'un contact fréquent et prolongé avec ce foyer de contagion : il n'en fit rien. Une occasion lui était offerte d'étudier une maladie épidémique, d'en suivre pas à pas les diverses phases, les diverses complications : il se garderait bien de ne pas en profiter. D'ailleurs, il était si serviable, si sympathique, qu'il se dévoua à ses malades. Il savait que quelques soins affectueux, quelques paroles bienveillantes, pouvaient exercer une bonne influence sur la plupart d'entre eux ; aussi, loin de songer à se dérober, il aurait voulu se multiplier, si possible. Ce dévouement obscur, ignoré, il devait le payer de sa vie ; mais il était si heureux de faire un peu de bien à ses semblables ! « Mon Dieu ! je me suis tu et n'ai point ouvert la bouche, car c'est toi qui l'as fait » (Ps. XXXIX, 10).

Dès le premier jour, il se sentit malade. Le matin, il allait mieux ; le soir, il était plus fatigué. Il ne savait au juste ce que c'était. Un médecin qu'il consulta ne vit aussi rien de grave et lui conseilla un bain de vapeur. Pendant la semaine, saignements de nez assez fréquents ; mais cela lui arrivait quelquefois, il n'y fit pas davantage attention.

Le samedi soir, 23 juin, il se rendit à Cette très fatigué. « Je serais parti pour Nimes, dit-il à son frère Hazaria qui se trouvait à Cette ce moment-là, si nous n'avions eu ce soir séance mensuelle à l'Union, et il fallait que j'y fusse. Je suis malade depuis cette semaine ; je ne sais pas ce que c'est, mais je crains une fièvre typhoïde, car j'en soigne depuis huit jours. J'ai apporté mon thermomètre ; ma température est assez élevée, tu me donneras la tienne. » Sous l'aisselle, il avait plus de 38°, son frère n'en avait pas 37°,5. « Comme cela pourrait n'être rien, ajouta-t-il, inutile encore de le dire, surtout à tante ; tu sais comme elle s'inquiète vite. J'aimerais cette nuit que tu me procurasses une chambre où je sois seul. »

Le lendemain, il allait un peu mieux : « C'est toujours ainsi, dit-il : je suis mieux vers le matin ». Il assista au service religieux le matin et le soir ; mais vers 5 heures de l'après-midi, il fit signe à son frère de sortir ; il allait se coucher, se sentant plus mal. « Tu viendras me voir aussitôt le culte fini », ajouta-t-il, car son frère lui avait dit : « Si tu n'as pas besoin de moi, je tiendrais à ne pas manquer la réunion. » Quand Hazaria y retourna, à 7 heures :

« Cela ne va pas mieux, dit-il ; je sens que je ferai une maladie sérieuse et je crains beaucoup une fièvre typhoïde. Tu sais que je me confie en Dieu *tout d'abord*, sachant que c'est de Lui que dépendent toutes choses et que rien n'arrive sans sa permission. Mais Dieu veut aussi que nous ayons recours aux médecins et que nous agissions comme si tout dépendait de nous, car il emploie souvent des moyens humains pour nous rétablir. Si, comme je le crains, j'ai une fièvre typhoïde, je n'aimerais pas aller faire ma maladie à Nîmes, à la pension : d'abord cela pourrait lui porter préjudice, il y a beaucoup d'enfants, et ils courraient du danger. Je préférerais rester à Montpellier ; quelqu'un viendrait avec Élie pour me soigner ; et mes professeurs, qui me portent beaucoup d'intérêt, me visiteraient, — M. C..., en particulier, que je connais et qui a beaucoup d'expérience. Je l'ai suivi, je lui ai vu soigner beaucoup de ces fièvres, et il a rarement perdu ses malades. Tu pourrais exposer à Madame mes raisons et lui dire de décider ; mais au moins que mon désir n'influe *en rien* sur sa décision ; je suis *entièrement* soumis par avance à ce qu'elle décidera; je tiens seulement à ce que mes raisons lui soient bien exposées. Dis-le lui bien, qu'elle ne se décide pas pour Montpellier dans la pensée de me faire plaisir. »

M$^{me}$ Armengaud, après réflexion, jugea qu'il était préférable pour lui de faire sa maladie à Nimes, auprès de ses parents, où il serait soigné par M. Henry Krüger, médecin homœopathe ; elle désira même qu'il s'alitât à la maison de M. Édouard Krüger, et non à la pension, à cause des élèves.

On ne remarqua point en lui la moindre hésitation. Il partit de Cette pour Nimes, le lundi matin, et arriva au sein de sa famille calme et souriant, quoiqu'il eût la conviction qu'il était gravement malade, et peut-être confusément le pressentiment d'une fin prochaine.

Avant de se mettre au lit, il voulut encore aller embrasser son cher pasteur, M. Éd. Krüger, qui se préparait à partir pour le Mont-Dore, ne se doutant nullement qu'il pressait dans ses bras, pour la dernière fois, ce bien-aimé qu'il chérissait si tendrement. Combien il eût de bon cœur renoncé à ce voyage s'il eût pu lire dans l'avenir les événements douloureux qui devaient se dérouler à Nimes, dans l'espace de quinze jours !

Misçaël se coucha à midi, pour ne plus se relever, et c'est pendant cette courte maladie que nous eûmes l'ineffable consolation de constater la réalité et la profondeur de l'œuvre divine déjà accomplie en lui et de voir cette œuvre parvenir, sur ce lit de mort, à son glorieux épanouissement. « Ce qui ajoute tant de prix aux diverses manifestations de notre cher Misçaël pendant ses derniers jours, disait M$^{me}$ Armengaud, c'est qu'il n'y a eu chez lui aucune exaltation, aucune influence extraordinaire : il a agi et parlé sans cesse dans le plus complet dépouillement. »

Pendant la première semaine, nous conservions beaucoup d'espoir, d'autant plus que la maladie suivait un développement tout à fait normal. La famille pensait plutôt à une délivrance, qu'elle appelait de tous ses vœux, qu'à se mettre en face de l'épreuve.

Misçaël était entouré de tant d'amour, il était soigné avec tant de dévouement par deux docteurs, l'un son frère aîné, l'autre son ami intime, dont l'accord était touchant, quoique l'un fût allopathe et l'autre homœopathe ! Comment le mal n'aurait-il pas cédé devant des forces aussi imposantes ? M. Henry Krüger indiquait le traitement à suivre ; le frère, imposant silence à ses préventions, suivait scrupuleusement les ordonnances, mais ne laissait à personne le soin de veiller auprès du cher malade, ajoutant aux prescriptions tous les soins hygiéniques que lui suggérait sa propre expérience. Avec quel empressement ils se faisaient toutes les concessions réciproques que leur permettait leur conscience, dominés qu'ils étaient par la puissance de l'amour qui les unissait tous deux à notre ami !

Misçaël, dès le début, avait déclaré formellement à son propre frère qu'il voulait être traité exclusivement par l'homœopathie, qu'il n'accepterait aucun remède qui pût contrarier ce traitement ; mais que, cette réserve faite, il s'abandonnait avec bonheur aux soins tendres et empressés que son frère lui prodiguerait. Et avec quelle délicatesse il signifia cette décision à sa famille !

— « Je me remets entre les mains de Dieu et j'ai pleine confiance dans le cher Henry. » — « Si j'entrais dans le délire, ajoutait-il, la tentation serait grande pour mes parents d'essayer un autre traitement ; mais je désire que ma volonté soit respectée comme si j'étais de sens rassis. »

Que de recommandations aussi à ses parents, à l'égard de son frère si tendrement aimé :

— « Soyons en bon exemple à Élie, — disait-il souvent, — glorifions Dieu devant lui ; qu'il soit touché de notre calme, de notre paix, de notre confiance. » Son père gardera longtemps le souvenir de l'autorité avec laquelle il le reprit de son agitation et l'exhorta à la prière. — « Mon père, tu ne pries pas ; si tu priais, tu serais calme comme moi. Remets ton fils entre les mains de Dieu comme je le fais moi-même, et tu trouveras la paix. »

Il parlait toujours avec la même douceur. Témoins de ce calme inaltérable, nous ne pouvions que renaître à l'espoir. « Seigneur, disions-nous, cette maladie soignée avec tant de tendresse, supportée avec tant de résignation, ne saurait avoir une issue fatale ; tout danger sera infailliblement conjuré. » Hélas ! c'était une illusion.

Notre cher malade était préoccupé des autres plus encore que de lui-même. Ses parents l'avaient veillé alternativement les deux premières nuits et manifestaient l'intention de continuer ainsi, sans se mettre en peine de l'avenir.

—« Ma maladie peut être longue, leur dit-il ; ne vous fatiguez pas à l'excès dès les premiers jours : vous seriez bientôt à bout de forces. Faites-vous remplacer par des amis. »

M$^{lle}$ Pouget ajouta : « Certes, il ne manque pas de frères et de sœurs qui te soigneraient avec dévouement, et, quant à moi, je m'offre une des premières pour passer la nuit. »

Misçaël répondit en souriant : « Il y avait, dans le temple, des lévites pour moucher les lampes du sanctuaire.

—»C'est vrai, répliqua M. Henri Krüger qui se trouvait présent ; mais les sacrificateurs étaient disposés eux-mêmes à faire le service dans la Maison de Dieu. »

—« Oui,— ajouta le malade avec une grande présence d'esprit, en se tournant vers M$^{lle}$ Pouget,— mais c'est ici le cas d'appliquer le conseil de Jéthro à Moïse » (Exode, XVIII).

On sentait un parfum d'humilité et d'amour s'exhaler continuellement de son cœur.

Notre chère amie, M$^{lle}$ Pouget, vint souvent le visiter pendant sa maladie et ne le quitta presque plus pendant ses derniers jours. Quel ministère béni n'a-t-elle pas accompli auprès de ce bien-aimé frère ! Qu'elle reçoive ici l'expression de notre vive reconnaissance pour la tendresse maternelle dont elle a entouré ce lit de mort et pour la sollicitude chrétienne avec laquelle elle a soutenu cet ami, « dans ce désert affreux et sans eau » que Dieu lui a fait traverser, « afin de l'éprouver et de lui faire du bien à la fin » ! (Deut., VIII, 14.)

Le vendredi 29, cette amie vint communiquer à Misçaël une

lettre de M. Armengaud où se trouvaient quelques paroles affectueuses à son adresse. « Que cette maladie, écrivait-il, le fasse monter vers Dieu, afin qu'il entre, comme Asaph, dans les sanctuaires du Dieu fort. » Elle lui lut, à cette occasion, le Psaume LXXIII, approprié à son expérience particulière. Arrivée à ce verset : « Mes pieds m'ont presque glissé en voyant la prospérité des insensés », elle lui dit :

— « Tu n'as jamais éprouvé un pareil sentiment n'est-ce pas, mon ami ? tes pieds ne t'ont jamais glissé, depuis ta conversion ?

— » Ah ! dit-il, j'ai eu mes heures de ténèbres et de défaillance, moi aussi ; c'est surtout à l'intérieur. Comparé à d'autres, je pourrais bien dire que j'ai été fidèle; mais quand la foi n'est pas assez puissante, on chancelle. »

— » Asaph, pour comprendre la pensée de Dieu, dut entrer dans les sanctuaires du Dieu fort ; entres-y aussi comme lui. »

Il répliqua avec sérieux : « Je ne voudrais pas que l'épreuve fût retirée avant d'avoir porté tous ses fruits pour moi-même et pour tous ceux qui m'entourent. »

Elle pria ensuite avec lui ; il l'en remercia avec effusion. Au moment de le quitter, il lui dit à part :

— « Je ne veux point vous laisser partir sans vous dire quelque chose. J'ai été bien béni depuis ma maladie ; je sens que ma foi a grandi, j'ai encore mieux compris l'amour de Dieu, et ma résolution est bien prise de n'aimer que lui seul. Je voudrais que vous fissiez part de mon expérience à mes chers Conducteurs et en particulier à notre Bien-Aimée, afin qu'elle confirme ou renverse le témoignage que je viens de vous rendre. Je sens qu'une œuvre nouvelle s'est faite en moi : ma foi est devenue une réalité ; je puis dire, dans une certaine mesure, comme notre chère Mère : « Je vis de foi et de réalité ! »

Sur ces entrefaites, M. D. Viala, avant de partir pour Cette, vint prendre congé de lui :

— « Inutile de te dire, mon ami, combien je désire ton relèvement, dans l'espérance que tu deviendras une pierre vive dans l'Église de Dieu, une colonne dans son Temple.

— » C'est aussi dans cette pensée seulement, répondit-il, que je demande à Dieu la guérison ; c'est lui seul que je veux servir.

— » Cependant tu pourrais aussi mourir. Abel, le premier juste, mourut à la fleur de l'âge.

— » Oui ; mais ce que je veux, c'est d'appartenir à Dieu, soit dans la vie, soit dans la mort. »

Le dimanche matin, M<sup>lle</sup> Pouget revint et lui lut quelques chapitres qui lui firent du bien. Nous étions toujours pleins d'espérance pour son relèvement. Cependant, le soir de ce même jour, son frère constata quelques symptômes alarmants qui jetèrent le trouble dans le cœur de ses parents et de ses amis. Mais comme ces symptômes semblèrent céder à un traitement immédiat et énergique, nous nous remîmes peu à peu de cette alarme. Jusqu'au jeudi soir, il se manifestait un progrès sensible vers le mieux, quand, le vendredi matin, survint une aggravation si forte que, dès ce moment, tout espoir fut perdu et la mort parut imminente.

# VIII

Dans la journée du vendredi, l'état du malade alla continuellement en empirant ; il ressentait de vives souffrances, mais ne le laissait guère paraître.

La nuit s'annonçait mauvaise pour lui.

« Cette nuit, écrit son frère Élie, fut bien douloureuse pour mon frère, que tourmentait déjà l'état nauséeux, en même temps que les douleurs abdominales devenaient plus vives. Elle le fut pour moi, qui constatai l'aggravation des symptômes et qui me sentais impuissant pour disputer mon frère à la mort. Pendant ces longues heures, je méditai sur le néant des biens terrestres et sur la puissance inéluctable de ce Dieu devant lequel je me sentais anéanti Quelle nuit horrible pour moi !

» Notre cher malade ne put reposer un seul instant. Il vomit à plusieurs reprises, et dans l'intervalle l'état nauséeux le faisait souffrir. Je n'avais pas le courage de le laisser dans l'illusion, encore moins celui de lui dire toute la vérité. Mais à mes paroles embarrassées, à mes yeux humides de larmes, à mon émotion que j'avais tant de peine à maîtriser, il comprit mon angoisse, et, secouant doucement la tête : — Tu es bien triste, me dit-il, tu as de bien grands soucis ! »

Le lendemain samedi, M<sup>lle</sup> Pouget, retenue au lit depuis trois jours par une violente migraine, put descendre, sur la demande de Misçaël. Laissons-lui raconter elle-même cette entrevue :

— « Il y a trois jours que vous n'êtes venue, — me dit-il en me voyant entrer, — il me tardait tant de vous voir.

— »J'ai beaucoup pensé à toi, mon ami, et j'ai beaucoup prié pour toi.

— »Je le sais, et je suis en communion avec tous ceux qui me soutiennent de près et de loin.

— »J'étais pour ma part si bien en communion avec toi, ce matin en priant, que je te donnais les noms les plus tendres. Je t'appelais mon ami, mon frère, presque mon fils.

— »Il me pressa doucement la main et me dit avec un sourire agréable : Vous pouvez me donner librement tous ces noms, car je vous les rends bien... Savez-vous que ce matin je suis beaucoup plus mal ? il est survenu un changement subit... J'allais mieux, hier matin encore ; mais depuis, mon mal a empiré... Mon frère Élie me paraît alarmé ; Henri est venu plus souvent : je ne sais ce qu'ils décideront entre eux ; mais ce qui est certain,... c'est que je me sens plus mal.

— »Ce matin encore j'avais appris que tu étais mieux et que tu avais passé hier une assez bonne journée.

— »C'est papa qui vous l'a dit ? il s'est bien trompé : hier a été la plus cruelle journée de ma vie.

»Je le trouvai fort dépouillé dans son âme ; heureux au fond, mais sans arrosement, comme dans un désert aride.

— »Ma foi demeure debout, me dit-il, mais combien je suis dépouillé ; je ne suis pas porté...

— »Dieu le fait pour ton bien, pour exercer ta foi et t'accorder de nouvelles bénédictions. Fais trafic, mon ami, des grâces qu'il t'a accordées et Il te les multipliera.

— »Je suis tellement fatigué que je ne puis prier. Pendant les premiers jours de ma maladie, je pouvais combattre ; aujourd'hui, je n'en ai plus la force. Si je veux méditer, mes idées m'échappent à mesure que je réfléchis... Je recueille maintenant le fruit de ma paresse... J'ai négligé la prière permanente... Si je m'étais exercé à prier intérieurement, je n'aurais pas aujourd'hui tant d'efforts à faire pour chercher Dieu... M'élever en haut, m'y maintenir, c'est impossible ; je suis accablé.

—»Ne te décourage pas : la prière, c'est le désir du cœur. Sonde tes sentiments ; que désires-tu avec le plus d'ardeur ? Est-ce la guérison de ton corps ou celle de ton âme ?

— »Oh ! cela ne se demande pas ! La prospérité de mon âme avant tout ; il y a longtemps que Dieu le sait !

»Pour son encouragement, je lus alors le Psaume CXXXIX, en lui en appliquant à mesure les déclarations et les promesses : — Éternel ! tu m'as sondé, tu m'as connu !... les *ténèbres* mêmes ne me cachent point à toi. — Si les ténèbres enveloppent en ce moment ton esprit, Dieu se tient près de toi et t'enveloppe de son amour. — Tu as possédé mes *reins* — ma force — dès le sein de ma mère ; — ma force et mon espérance ont toujours été en toi... Ta force n'est-elle pas uniquement en Dieu ? — O Dieu fort ! sonde-moi, éprouve-moi. — Voilà la prière que tu peux adresser à Dieu... considère s'il y a en moi quelque fraude.

—»Il répondit avec simplicité : « Je ne trouve en moi ni malice ni fraude. Depuis que j'ai connu Dieu, je n'ai conservé aucun interdit dans mon cœur ; j'ai considéré mes frères comme plus excellents que moi-même... Cependant, quoique je sois heureux, je ne suis pas joyeux, et l'apôtre commande d'être toujours joyeux. »

— » Il n'est pas nécessaire de ressentir des transports de joie. On est joyeux quand il n'y a plus de souffrance dans l'âme : la vraie joie n'est pas toujours bruyante... Tu ne murmures jamais, ton frère Élie reconnaît que ton lit de maladie est pour lui une puissante prédication ; il en reçoit du bien.., prends donc courage !

— » Reposez-vous un instant, me dit-il alors, vous devez être fatiguée. — Bientôt il reprit : Lisez-moi encore quelque chose, vous me faites tant de bien !

»Je lui renouvelai l'expérience des disciples, leur préparation lente et graduelle. que le Seigneur opérait en eux par ses instructions, pour recevoir la plénitude des dons de Dieu. C'étaient des phrases courtes, détachées, où j'intercalais les passages les plus saillants des chapitres XV, XVI, XVII, de Jean. Il pouvait ainsi me suivre sans trop de fatigue.

— »Cher ami, ne trouves-tu pas dans ton cœur les dispositions des disciples, à cette heure où Jésus va les quitter ?

— » Vous me croyez meilleur que je ne suis. Il me semble que tout m'a été enlevé ; je ne trouve rien en moi, pas même un bon désir.

» Il me paraissait plus fatigué ; au lieu de le faire causer, je continuai à l'instruire en lui retraçant tout le plan de Dieu envers les pécheurs. Je lui parlai de cet amour divin que « tous les rachetés » s'accordent à exalter parce qu'ils en ont éprouvé les saints effets, et je fus amenée à lui lire le Ps. CXVIII, ce magnifique chant de louange et de délivrance ! — Tous les états d'âmes réveillées peuvent, en s'humiliant, avec sincérité, célébrer la miséricorde du Seigneur. — Ces versets lui furent surtout précieux : — « L'Éternel m'a répondu en me mettant au large... je verrai ce que j'attends en ceux qui me haïssent. »—« Le Démon, c'est notre plus terrible ennemi ; Dieu l'écrasera bientôt sous tes pieds. »—«Il vaut mieux se retirer vers l'Éternel que de se confier en l'homme. » — Mais ce passage lui fut particulièrement en bénédiction : — «Toutes les nations m'avaient environné — comme des abeilles — elles ont été détruites comme un feu d'épines — au nom de l'Éternel, je les ai détruites ! » — Cette image du «feu d'épines» lui fit impression et il répéta à plusieurs reprises, en élevant les mains en haut :

— » Toutes les nations m'avaient environné ; au nom de l'Éternel, je les ai détruites !» Il le cita encore dans la journée, ajoutant : Oh oui ! c'est bien vrai !

Parvenue à ce verset : — « Je ne mourrai point, mais je vivrai ! »

— » Pour moi, dit-il, quant à mon corps, je mourrai... mais

je *vivrai*,— et il levait les yeux et les bras au ciel en prononçant ces paroles avec énergie.

» Après quelques instants de repos, je lui lus le chapitre LIII d'Ésaïe. Cette description de l'abaissement du Sauveur, durant les jours de sa chair, suivi de son élévation, préparait son cœur à attendre patiemment et avec confiance la délivrance que Dieu voulait lui accorder. « Sa condamnation » devait être, pour lui aussi, enlevée dans l'abaissement.

— » Ne vous fatiguez pas davantage, me dit-il, il me semble que je ne profite pas… Je comprends tout ce que vous me dites, je l'approuve sans réserve ; mais mon cœur est froid, comme s'il n'avait jamais rien reçu. Je vous plains de vous voir fatiguer.

—» Mon ami, je suis en communion avec toi, c'est une preuve que Dieu agit dans ton cœur. Courage, Dieu est là, près de nous, quoique invisible pour toi. » Cette parole fut pour son âme un précieux encouragement.

— » Je vous remercie, me dit-il.

—» Mon ami, je ne croyais pas trouver en mon cœur un si grand amour fraternel pour toi. — Je ne savais pas t'aimer autant.

— » Mais moi, je le savais que vous m'aimiez *autant*.

» Il me semblait voir éclore une fleur qui devait produire son fruit. Le lieu aride allait refleurir comme la rose, et des sources d'eaux vives allaient jaillir du désert.

—» Vous m'aimez tant, me dit-il avec une touchante humilité, que je vous parais meilleur que je ne le suis en réalité… je vous assure que je n'éprouve rien…, et je voudrais tant être en combat!

—» Mon opinion à ton égard est celle de tous nos bien-aimés; tu as manifesté ta soumission, ton amour filial en tout temps et tout récemment encore au sujet du service militaire et au moment de ton départ de Cette.

— » Mais ces dispositions sont naturelles !

—» Oui, mon ami, naturelles, mais pour le cœur régénéré.. Mon amour profond pour toi ne m'abuse point, Dieu confirme du ciel les témoignages que je te rends. »

## IX.

Sur ces entrefaites arrive M. le Dr Henry Krüger.

«Nous nous consultons,—écrit Élie,— en présence de Mlle Pouget. Je la suppliai de prier pour mon frère, car il ne nous restait plus d'espérance que dans la miséricorde divine. Il fut décidé que nous ne devions pas cacher plus longtemps la vérité à notre cher malade. Je voulus me charger de cette terrible mission.

» Lorsque j'entrai dans sa chambre, il arrêta sur moi des regards qui me pénétraient comme des flèches aiguës. Je m'approchai de son lit, j'entourai sa tête de mes bras, et d'une voix entrecoupée de sanglots je lui dis :

—« Mon cher ami, à tout autre que toi, je cacherais l'état désespéré où tu te trouves. Mais à quoi te serviraient des illusions ? Henry et moi nous croyons que l'heure de la séparation avance rapidement. Pardonne-moi tous les torts que je puis avoir envers toi.»

—« Mon bien cher frère, me répondit-il, je vois que tu m'aimes profondément.... tu m'as soigné avec tendresse..., mais reconnais qu'il est quelqu'un de plus puissant que toi, et maître de notre existence. »

—« Certainement, mon ami, et je comprends tout le néant des choses d'ici-bas... Ah ! si cette consolation peut adoucir le cruel passage de cette vie terrestre à la vie éternelle qui t'attend, je te promets, sur ce lit de mort, de me donner à Dieu et de combler le vide que tu vas laisser parmi nous... Dieu sait que si je pouvais prendre ta place, je le ferais avec joie, en te confiant ma femme et mon jeune enfant. »

—« Tais-toi, mon cher et bien-aimé frère, je crois à ton amour.
— » Mais ne regrettes-tu pas la vie ?
— » Certainement, si Dieu eût voulu me laisser sur la terre, cet appel puissant qu'il m'adresse aujourd'hui aurait porté des fruits et ma vie eût été entièrement consacrée à son service ; mais... que la volonté de Dieu soit faite ! »

Il était environ dix heures du matin; Mlle Pouget entra dans la chambre en ce moment solennel.

— »Savez-vous bien, lui dit-il en l'apercevant, que je n'ai plus que peu de temps à vivre ? C'est bien sérieux de sentir la mort aussi près » — et deux larmes brillèrent dans ses yeux, les deux seules larmes de tristesse qu'il ait versées durant toute sa maladie. — M$^{lle}$ Pouget les essuya elle-même ; il sourit avec tendresse quand il vit qu'elle les avait aperçues. — « Elle était déjà bien sérieuse, continua-t-il, la pensée que je pouvais être appelé à comparaître devant Dieu ; mais combien n'est-elle pas plus sérieuse la certitude d'une mort prochaine ? »

— » Sois sans crainte, mon ami, Dieu est avec toi et nous te soutiendrons de notre amour et de nos prières. Abandonne-toi entièrement à lui. »

Il leva alors les yeux et les mains vers le ciel en disant : « Mon Dieu ! fais en moi tout ce que tu veux faire et non pas seulement ce que je sais te demander ». — Le combat continuait sans relâche, mais il était calme et paisible.

— »Veux-tu que je dise à Cette que quelqu'un vienne te voir ?
— »Oh oui !
— »Et qui veux-tu que je demande ?
— »Celui qui pourra venir, reprit-il en souriant. — Il n'osait pas dire M$^{me}$ Armengaud, craignant de la fatiguer ; mais dans l'après-midi il demanda souvent si elle n'était pas arrivée. — M. Krüger regrettera bien de ne pas être ici. J'aimerais bien aussi de voir Hazaria. »

On télégraphia aussitôt à Pézenas, où son frère était professeur, et à Cette, où se trouvaient réunis nos Conducteurs, pour leur annoncer l'état alarmant du malade et pour les engager à se rendre sans délai auprès de lui ; il n'y avait pas de temps à perdre.

Dans l'après-midi, son pouls fut plus fréquent et plus faible, sa parole brève et saccadée : tout annonçait qu'un dénouement fatal ne pouvait être guère éloigné. Il demanda M$^{lle}$ Pouget : il éprouvait le besoin d'être soutenu par sa présence et encouragé par ses paroles édifiantes.

Avant son arrivée, Élie vint le voir pour suivre les progrès du mal et pour lutter contre le refroidissement qui envahissait les extrémités de ce pauvre corps où la mort avait déjà imprimé son sceau lugubre. Le mourant dit alors à son frère :

— « N'oublie pas, mon ami, ce que tu m'as promis ; que ce ne soit pas seulement une influence.. J'aurais bien aimé de voir Mélina et ton petit Marcel... qui n'aura pas connu son oncle... Salue bien ton beau-père de ma part... Je suis heureux d'avoir pu serrer la main à l'oncle Frédéric, avant de mourir ! »

A trois heures du soir, nous envoyâmes chercher Mlle Pouget, que le malade demandait de nouveau. Elle était retenue par un jeune ami de Misçaël, Charles Wachsmuth, qui allait partir pour Cette; elle se hâta néanmoins d'accourir. Laissons-la encore nous reproduire cet entretien solennel : elle a seule autorité pour le faire.

— « Je causais, mon cher ami, avec Charles ; il vient de partir. Il désirait bien de te voir, mais nous ne le lui avons pas permis, afin de ménager tes forces pour l'arrivée de nos amis de Cette. Il me disait combien il t'aimait, combien il était reconnaissant du bien que tu lui avais fait.

— » Moi aussi je l'aime beaucoup ; quel dommage que vous l'ayez laissé partir, j'aurais eu tant de plaisir à l'embrasser ! Je pense beaucoup à tous mes amis : à Néhémie, à Hénoc, à Abel, à tous ; j'aurais bien aimé les revoir tous avant de mourir... Depuis que vous m'avez quitté, le mal s'est aggravé sérieusement. Aurai-je le temps de voir mon cher frère et ceux qui viendront de Cette ?

— » Je l'espère. — Il était sans cesse assiégé de toutes sortes de tentations et se trouvait sans force pour le combat.

— » Quel dépouillement ! s'écria-t-il ; cependant je sens que je n'attends la bénédiction que d'en Haut, mon attente est en Dieu seul... Lisez peu à la fois... quelques versets seulement... autrement je ne puis vous suivre... Mais ne gardez pas trop le silence, autrement je m'endormirais. »

Assise à son chevet, je lisais à voix basse : notre cher malade paraissait reposer un moment. Tout à coup, il ouvre les yeux, me voit à son côté, absorbée par ma lecture, et, posant sa main sur la mienne, il me dit avec son doux sourire :

— « Ne soyez pas égoïste ; un peu pour moi. »

Alors je lui lus lentement la lettre LI du *Recueil des Lettres Pastorales*, celle adressée en 1846 à M. Ed. Krüger, époque où son expérience avait beaucoup de rapport avec celle de notre bien-aimé Misçaël.

—« Tu peux considérer cette lettre comme t'étant particulièrement adressée.

—» Oh ! M. Krüger était alors dans un état où je suis bien loin d'être parvenu. »

«Cependant cette lecture lui fit un grand bien, je le sentais revivre. Ses combats, ses contestations semblaient s'apaiser ; son amour filial, la purification de son cœur accomplie par la Parole, se révélaient à lui avec plus d'évidence.

— « Je suis persuadée à ton égard, comme Madame l'était à l'égard de M. Krüger, que les sentiments de ton cœur sont purs, que « le vase est net » et que « le vin nouveau » va y être bientôt répandu.

» Et comme je me levais pour sortir :

—» Oh ! ne me laissez pas ! J'ai trop besoin de vous... J'aimerais tant que vous fussiez là près de moi à l'heure de ma mort ! »

Son frère Élie s'approcha de lui ; il lui trouva les mains froides et le pouls très fréquent. Il enveloppa de laine ses mains et ses bras.

—« En aurai-je pour longtemps encore ? dit-il à voix basse. J'aimerais beaucoup de voir mon cher Hazaria et notre bien-aimée Mère.

—» Tu les verras certainement, s'ils arrivent à sept heures ; tu as encore assez de force pour aller jusqu'à l'aube du jour.

—»Oh ! merci, mon Dieu ! merci! Mon cher Élie, comme cette mort te bouleverse ! Est-ce sérieux ce hoquet qui te fatigue?

— » Ce n'est rien, mon ami.

Puis lentement et à voix basse, pour ménager ses forces, il ajouta : « Je suis mortellement atteint ; mais ce qui me rend heureux c'est cette promesse que j'emporte... ne l'oublie pas... mais fais encore mieux que moi. »

A sept heures, Hazaria et M$^{me}$ Armengaud arrivèrent. M$^{lle}$ Pouget alla lui annoncer cette heureuse nouvelle afin de le préparer à cette entrevue.

——« Es-tu disposé à recevoir la visite qui t'arrive ?
—» Oh oui !
—» Notre Mère est là ! »

Il fut radieux. « Chère, chère Mère, elle m'aime tant ! J'ai toujours senti qu'elle m'aimait... Je savais bien qu'elle viendrait si ses forces pouvaient le lui permettre ; mais sa fatigue est si grande que je craignais encore... Si vous aviez vu, à mon départ de Cette, avec quelle tendresse elle me prit la tête dans ses mains... Elle éprouvait une grande peine d'être obligée de me refuser ma demande. »

—» Tu es heureux maintenant, n'est-ce pas ?
—» Et vous aussi, vous êtes contente !

# X

Après des témoignages réciproques d'affection maternelle et filiale, après que Misçaël eut embrassé à plusieurs reprises son frère Hazaria avec une émotion visible, notre chère Mère lut le Psaume CXVIII, et parut d'abord s'adresser aux assistants plutôt qu'au mourant. Ensuite, se tournant vers notre cher malade, elle confirma avec bonheur tous les divers témoignages que M$^{lle}$ Pouget lui avait rendus et celle-ci souriait de reconnaissance.

— « A nos yeux, continua M$^{me}$ Armengaud, tu le sais, la pureté se trouve dans la foi, dans l'amour pour la vérité qui est en Jésus-Christ et pour ceux qui la mettent en pratique. Ne sens-tu pas que tu aimes les Conducteurs d'un amour sans fraude ? N'as-tu pas reçu pleinement mon témoignage ?

— » Je crois en Dieu, répondit-il avec énergie à ces diverses questions ; je crois en Jésus mon Sauveur ;... je crois à la Bible ;... je crois à votre appel ;... je suis parfaitement soumis à mes Conducteurs, que j'aime tendrement ;... je suis net par la Parole que vous m'avez annoncée (Jean, XV, 3).

— » Tu ne peux donc, après cette vie, être séparé de ceux que tu as aimés avec pureté, sur la terre, et avec lesquels Dieu lui-même t'a étroitement uni.

— » Oh non !

— » Elève-toi donc vers Dieu sans crainte, sans aucune crainte ; c'est dans les vases nets que le vin est répandu. Puisque ton cœur est net, demande au Seigneur avec confiance qu'il y répande l'amour par son Saint-Esprit : il t'exaucera certainement ; ses promesses sont oui et amen en lui » (2 Cor., I, 20).

Elle pria ensuite avec puissance pour lui, pour ses frères, pour ses parents. Elle rendit grâces du bien que Dieu avait fait à ce cher enfant :

— « Seigneur, dit-elle, reçois son âme dans tes tabernacles éternels ; haussez-vous, portes des cieux ; ouvrez-vous, célestes lieux, pour recevoir ce bien-aimé. » — Il se joignait à toutes ces demandes autant qu'il lui était possible. — « Que la brèche que tu fais en Sion soit réparée promptement par un réveil sérieux parmi la jeunesse. Tes voies ne sont pas nos voies, ô Dieu, ni tes pensées nos pensées. Il nous semblerait à nous qu'une âme qui s'est consacrée à toi et qui désire s'y consacrer tous les jours plus purement devrait nous être conservée. Le champ est vaste et les ouvriers peu nombreux. Cependant, apprends-nous à te dire : S'il est possible, que cette coupe passe loin de nous... toutefois, que ta volonté soit faite et non la nôtre. »

Notre bien-aimé Misçaël avait l'esprit fort lucide, malgré son excessive faiblesse. En l'absence de notre chère Mère, qui était allée prendre un peu de nourriture, il adressa des exhortations sérieuses à ceux qui approchèrent son lit. D'abord au domestique de la pension, quoique catholique :

— « Mon ami, réfléchis bien ; pense qu'en résistant à Dieu tu joues toute une éternité de bonheur contre quelques plaisirs bien frivoles et bien passagers... Crois que le salut gratuit est pour tous les hommes, pour les serviteurs comme pour les maîtres. Écoute les paroles d'un mourant : recherche la même foi qui me donne ce calme, cette paix en face de la mort. Serais-tu heureux, comme moi, si tu étais à ma place ? Penses-y bien, mon ami. » — Et il lui tenait la main en fixant sur lui des regards pénétrants.

Il exhorta ensuite de nouveau son frère Élie et lui demanda quelques détails sur les symptômes avant-coureurs de la mort.

— « Penses-tu que je pourrai vivre jusqu'à demain ?

— » Je ne le pense pas, ce sera pour cette nuit, sur le matin au plus tard.

— » Enflerai-je beaucoup ?

— » Non, mon ami, tes extrémités se refroidiront — elles ont déjà commencé — nous pourrons bien retarder ce froid en te couvrant davantage ; mais, malgré tous nos soins, le froid envahira lentement tout ton corps, sans que tu aies à supporter des douleurs trop vives, sinon vers la fin. »

Puis éclatant tout à coup, Élie s'écria :

— « Mon ami, quelle mort ! qu'il fait bon être témoin de ton calme, de ta paix ! Quelle mort, mon Dieu ! Je te renouvelle encore une fois l'assurance de me donner à Dieu. J'avais été déjà ébranlé par la mort de ma petite Valentine, mais ta propre mort m'est bien autrement sensible. »

Rien ne saurait rendre la douceur de cet entretien intime et le calme de ces deux frères que la mort allait séparer.

« Mon Dieu ! ajouta-t-il en levant les bras au ciel, que je te sois un fidèle serviteur !

Hazaria et Amos survinrent en ce moment. Avec quelle force et quelle tendresse ce bien-aimé leur parla ! S'étant tourné vers Amos :

— « Tu n'es pas encore venu me voir ?

— » On m'avait engagé à ne pas le faire.

— » Je comprends... Tu sais, mon cher ami, combien sont grandes la confiance et l'affection que M. Krüger te témoigne. Ne l'oublie pas. Que j'aie le bonheur de te revoir faisant partie de leur couronne et, plus heureux que moi, avec ta couronne. Mon cher Amos, je t'aime beaucoup, tu as un bon cœur, un excellent cœur ; je me sens en communion avec toi. Pardonne-moi ; je n'ai pas été pour toi ni pour tous un ami assez tendre, assez affectueux, assez chrétien. Remplacez-moi, en vous aimant davantage encore les uns les autres, en vous unissant plus étroitement ensemble. Aimez-vous les uns les autres, aimez-vous !

— »A mon tour, je te demande pardon de t'avoir si peu connu, si peu apprécié ; pardonne-moi !

— »Je t'aime beaucoup, je t'aime tant !

— »Mon cher ami, tu me fais envie, je voudrais être à ta place.

— »Aimez-vous les uns les autres : adieu !

— » Non pas adieu, mais au revoir !

— »Oui, au revoir, au revoir, mon cher ami ! »

Puis, s'adressant à Hazaria :

— « Cher frère, si tu savais combien je t'aime ! si tu savais combien je t'aime ! Nous avons perdu beaucoup de temps à Montpellier ;... je ne te reproche rien, mais nous avons à nous humilier devant Dieu qui veut nous pardonner et nous bénir... Il faut que tu me remplaces, cher Hazaria,... que tu fasses ce que je n'ai pu faire. Tu as pris la résolution de te consacrer entièrement à Dieu ;... deviens promptement un de ses fidèles serviteurs,.. Oh ! si Dieu voulait faire un miracle en me rétablissant,... combien nous serions unis pour le servir. Oh ! si tu savais combien je t'aime !... Je te remercie pour la bonne lettre que tu m'as écrite pendant ma maladie,... elle m'a fait du bien. Pense à notre cher Élie qui est bien atteint. Adieu, mon ami !

— »Au revoir ! plutôt.

— Oui, tu as raison, au revoir auprès de notre bon Père céleste... Va, couche-toi,... ne reste pas ici davantage. Je crains beaucoup pour toi, mon cher ami,... soigne-toi bien, sois prudent, tu pourrais bientôt me suivre.

— »Demain, je ne te reverrai probablement pas ?

— »Oui... je crains de ne pas passer la nuit... Au revoir ! »

Deux amies vinrent lui serrer la main ; il leur dit :

— « Zélie, Anna,... jeunesse, espérance de l'Église !... réveillez-vous ! Ne dites pas que vous n'êtes que des femmes... et que vous n'êtes pas appelées à travailler à l'œuvre de Dieu... Suivez l'exemple de notre chère Mère... et de M$^{lle}$ Pouget. Adieu, mes amies, et au revoir ! »

Il ajouta ensuite en s'adressant plus spécialement à ses chers parents :

« Gagnez Élie à la piété par l'affection, par un bon exemple, par votre calme... Papa ne le fait pas ; il m'aime tant, il est si triste ! J'ai eu besoin de consoler ce cher frère, il était désolé... Je l'ai calmé en lui disant que tout vient de Dieu,... qu'aucun remède ne peut nous guérir, qu'aucune erreur de médecin ne peut nous nuire ;.. il paraît l'avoir enfin compris. Que le Seigneur le bénisse ! »

Il s'oubliait lui-même pour s'intéresser aux autres. Il demandait à M$^{lle}$ Pouget des détails sur ce qui se passait à la maison de Refuge ; il désirait connaître ses sujets de joie ou de tristesse. Malgré la recommandation spéciale qu'il avait faite à son frère Hazaria, il dit encore à cette amie : « Je ne voudrais pas que mon frère revînt après le souper... il pourrait y avoir du danger pour lui... qu'on le retienne à la maison. »

M$^{lle}$ Pouget le rassura à ce sujet ; puis elle ajouta :

— « Quand Madame te confirmait les témoignages que je t'avais rendus et que tu m'as vue sourire, tu as cru peut-être que j'en doutais... c'était un sourire de bonheur ; j'étais si heureuse !

— » Pardonnez-moi ; vous m'avez fait tant de bien ; combien je vous en remercie !... allez vous reposer... je pourrai vivre peut-être jusqu'à demain matin... alors vous reviendrez de bonne heure.

— » Madame va revenir ce soir, je l'attendrai.

— » Qu'elle se hâte, car j'ai bien sommeil, — c'était l'engourdissement de la mort, — et je voudrais tant l'écouter ! »

Les deux docteurs vinrent alors lui proposer de lui donner une potion d'extrait thébaïque pour lui épargner les souffrances, précurseur de l'agonie.

— « Oh! cela je ne le veux pas ; je vous en prie..., ne me donnez rien. »

Il y revint avec énergie. « Je ne veux rien prendre qui paralyse mon esprit ; je tiens à conserver mes facultés jusqu'à ma fin ; je veux écouter et prier.

—» Mais tu vas souffrir cruellement.

—» Si vous pouvez me calmer sans que ma tête se prenne, j'y consens ; sinon, non ! »

## XI

A onze heures environ, Mme Armengaud revient, accompagnée de Mlle Pouget, de M. Henry Krüger, et de plusieurs autres amis. On pouvait suivre à l'œil la marche rapide du mal : on voyait approcher la mort. C'était un moment bien solennel ; nous entourions ce lit dans un pieux recueillement.

Elle recommença par la lecture du cantique 253, des *Hymnes de Sion* :

« Non, ce n'est pas mourir que d'aller vers son Dieu,
Que de quitter le lieu
De cette sombre terre,
Pour aller au séjour de la pure lumière. »

Elle exhorta ensuite notre cher Misçaël à ne point se laisser troubler par aucun regret, pas même un seul instant :

—« Dieu est amour. Nous avons le témoignage que tu auras part à la première résurrection ; l'as-tu toi même ?

— » Oui, Madame.

— » Es-tu maintenant heureux ?

— » Oui, bien heureux.

— » Tu peux témoigner du néant des choses humaines, des études, de la science, etc.?

— » Oh oui ! certainement.

— » Tu n'as pas mal fait de t'y appliquer ; mais combien tu

serais à plaindre si, pour l'amour de la science, tu avais négligé la seule chose nécessaire!

— » C'est ce que je viens de dire à mes amis, il n'y a qu'un instant. »

Ensuite elle lut le chapitre LIII d'Ésaïe :

« Il est monté comme un rejeton... comme une racine d'une terre sèche... Il a été enlevé par la force de l'angoisse...» Jésus, notre Sauveur, s'est offert pour nous; il a consenti à subir à notre place le châtiment que nous avions mérité, c'est-à-dire à demeurer éternellement séparé de son Père. Et dans cette acceptation, il a été parfait. Sa souffrance a été grande : rien en effet de plus douloureux pour lui que cette séparation éternelle d'avec son Père, son âme est dans une profonde angoisse. Mais cette angoisse même le fait monter vers Dieu et, après avoir dit : Père, s'il est possible, que cette coupe passe loin de moi sans que je la boive, il ajoute : Toutefois, que ta volonté soit faite et non la mienne. Sa dépendance est absolue ; aussi, comme nous le trouvons indiqué dans le chapitre VIII des Actes, — « sa condamnation est-elle levée dans son abaissement » ; — un ange est envoyé pour le fortifier, les promesses de résurrection, un moment voilées, lui sont renouvelées.

» Dans cette soumission, dans cette confiance en Dieu, il nous sert de modèle. Nous devons être enlevés vers Dieu par la foi dans la force de l'angoisse. Tu as été bien dépouillé, mon cher enfant, pendant ta maladie ; tu as été comme une terre sèche, aride ; mais la foi que Dieu avait formée en toi s'est alors manifestée ; elle est sortie comme une racine, et tu t'es élevé vers notre Père céleste par la prière, quoique tu l'eusses pu faire avec plus de confiance et de foi. L'œuvre de Dieu ne s'est pas opérée dans ton cœur avec grand éclat, mais elle ne s'est pas moins faite sûrement.

» Après avoir offert sa vie en sacrifice pour le péché, Jésus se verra et il s'est vu de la postérité. Cette postérité, c'est l'Église qu'il a lavée dans son sang précieux et qu'il élève au rang d'épouse ; ce sont tous ceux qui croient de cœur à leur état de misère et de péché devant Dieu et les hommes, et qui acceptent *pleinement* le sacrifice de Jésus-Christ.

» Les promesses les plus glorieuses sont faites à cette postérité, à cette Église, — ajouta-t-elle après la lecture du chapitre LIV.

» Cette vraie Église, sans prestige, sans appui humain, fera trembler toutes les nations qui l'environnent, et qui, sans en avoir conscience, redoutent l'autorité de ses enseignements et s'efforcent de se soustraire à son influence. Cette Église, actuellement humble, méconnue, triomphera par la puissance de l'Esprit. Aucunes armes forgées ne prospéreront contre elle, les portes mêmes de l'enfer ne pourront prévaloir, car le Seigneur est au milieu d'elle. Où était-elle après le meurtre d'Abel ? Tout semblait perdu. Mais Abel, quoique mort, parle par sa foi et continue à parler encore à travers les siècles. S'il n'a pas de postérité selon la chair, il en a une selon l'esprit.

» Jésus a été un type admirable de son Église : il n'y eut en lui ni forme ni éclat ; rien qui le fît désirer. Mais après avoir mis son âme en oblation, il s'est vu de la postérité, il a prolongé ses jours ; il jouira même toujours plus du travail de son âme et il en sera rassasié. Dieu lui donnera sa portion parmi les grands, il partagera le butin avec les puissants.

»C'est la gloire après l'abaissement, le triomphe après le combat. « Ne crains point, Sion, tu ne seras point confondue. J'ai caché ma face pour un moment, mais j'ai compassion de toi par une miséricorde éternelle : voilà l'héritage des serviteurs de l'Éternel et la justice qu'ils recevront de moi, dit le Seigneur. » Toi aussi, mon cher enfant, après le dépouillement, après le combat, jouis en paix de l'amour de ton Sauveur. »

Misçaël faisait des efforts inouïs pour suivre ; ses yeux demeuraient fixés sur M$^{me}$ Armengaud, et sa communion de cœur avec elle était intime. Il aurait voulu exprimer tout ce qu'il éprouvait ; ce lui fut impossible. Notre Mère lui disait :

— « Je le sens bien, mon ami ! »

A mesure que les minutes s'écoulaient, on voyait en lui la lutte de l'Esprit contre la matière et le triomphe de l'âme sur le corps : c'étaient comme les arrhes de la résurrection céleste qui allait être son partage. La puissance de l'Esprit triomphait de la fièvre typhoïde, de l'agonie même, — car l'agonie avait déjà commencé.

En se séparant pour la dernière fois de son cher enfant qu'elle aimait avec tant de tendresse, notre chère Mère lui dit :

— « Si ce n'était demain dimanche, je ne te quitterais pas ; je demeurerais auprès de toi pour te soutenir jusqu'à ta dernière heure. Mais je dois ménager mes forces, car je désire parler demain aux vivants. D'ailleurs, quoique absente de corps, je serai avec toi, tu le sais bien. Que Dieu te soutienne et te fortifie ! »

C'était une heure du matin. Notre cher malade dit aussitôt à M$^{lle}$ Pouget :

— « Ne me quittez pas. Ce sera bientôt fini. »

La mort en effet approchait à grands pas. Il eut un dernier combat d'un quart d'heure environ, mais il fut bien pénible.

— « Je veux manger, dit-il, j'ai faim !

— » La nourriture qu'il te faut désormais, mon ami, c'est celle de ton âme ; médite sur ce que tu viens d'entendre ; médite sur ce que Dieu lui-même te dit dans le secret du cœur. »

Il se calma subitement. Un moment après, il s'écria encore :

— « M. Mourier, donnez-moi à manger, je vous en prie. »

Cet ami lui cita alors quelques passages propres à l'encourager ; il reprit son calme habituel. Enfin une dernière secousse survint :

— « M. Mourier, soulevez-moi, je veux me lever. »

On glissa un oreiller sous sa tête ; il vomit abondamment et reprit dès lors cette lucidité qu'il conserva jusqu'à son dernier soupir.

M<sup>lle</sup> Pouget lui citait, par intervalle, des passages qu'il écoutait aussi attentivement que le lui permettait sa faiblesse.

— « Tu peux bien dire maintenant, n'est-ce pas, mon ami, je suis ton serviteur, le fils de ta servante, tu as délié mes liens ? » (Ps. CXVI, 16.)

— » Oh oui ! »

Elle lui récita une portion du Cantique 130 :

> « Celui qui sous l'aile de Dieu
> Par la foi se retire,
> A son ombre en un si haut lieu,
> Assuré peut se dire.
> ...Sous la main d'un tel protecteur
> Mon âme, sois tranquille. »

Arrivée à ce verset :

> « Mille à ta droite tomberont
> Sans qu'aucun mal t'atteigne,
> Dix mille à ta droite mourront
> Par le fléau qui règne. »

elle lui dit :

— « C'est bien là ton expérience?
— » Pas précisément, fit-il avec un léger sourire.
— » C'est vrai, pas pour ton corps, mais pour ton âme ?
— » Oh ! alors oui ! »

Le domestique étant rentré, M$^{lle}$ Pouget dit à Misçaël qui lui paraissait chercher à le voir :

— « C'est Augustin !
— » Je le vois, fit-il, en inclinant la tête. Demandez-lui de vous répéter... ce que je lui ai déjà dit hier au soir. »

Ce furent ses dernières paroles.

Son frère Élie revint pour lui adresser un suprême adieu. Il l'embrassa à plusieurs reprises ; notre bien-aimé lui rendit un dernier baiser ; une minute après, il exhalait son dernier soupir. C'était le dimanche 8 juillet, à 3 heures du matin.

Il était âgé de 20 ans et 8 mois ! Quelle vie, quelle mort !

Pendant que l'Église se réunissait, quelques heures après, autour de la Parole, pour entendre parler des choses magnifiques de Dieu, ce bien-aimé, au sein de la pure lumière, unissait sa voix au chœur des rachetés du Seigneur :

> « Qu'il est doux dans le ciel le réveil des fidèles,
> Qu'avec ravissement, autour de Dieu pressés,
> Ils finissent au son des harpes immortelles
> Les hymnes de l'amour ici-bas commencés ! »

. . . . . . . . . . . . . . . . . . . . . . . . . . . . . . . .

## XII

Quand cette triste nouvelle se fut répandue, au près et au loin, parmi nos nombreux amis, la consternation fut générale : on avait espéré contre espérance jusqu'à la dernière heure.

L'amour fraternel est une vivante réalité. Ce n'était pas seulement une famille qui pleurait un membre chéri, c'était une

Église « dont les habitants sont fort unis » (Ps. CXXII, 3) qui était douloureusement éprouvée par la perte d'un frère bien-aimé, « membre vivant de son corps » (Éph., IV, 25).

A Nimes, la journée fut particulièrement sérieuse. Il est facile de comprendre qu'au milieu de cœurs émus et attendris, « la parole devait avoir un plus libre cours » (2 Thess., III, 1). L'après-midi, ce fut M$^{me}$ Armengaud qui présida, malgré sa fatigue ; et lorsqu'elle rappela brièvement l'expérience de notre cher Misçaël, l'assemblée, attentive et recueillie, confirmait de tout son cœur le témoignage qui lui était publiquement rendu.

Après avoir lu les chapitres XIII et XIV des Nombres, où sont racontés en détail l'envoi et le retour des douze espions, les murmures des Israélites et leur colère contre Josué et Caleb, elle montra combien les expériences des hommes de l'ancienne alliance se renouvelaient sans cesse au sein de l'Église de Dieu, tellement le cœur de l'homme est toujours le même dans tous les temps et dans tous les lieux.

« Aujourd'hui, dit-elle, comme aux jours de Moïse, dans l'Église actuelle comme dans le camp d'Israël, les ingrats et les rebelles abondent. Cependant, que de prodiges opérés en Sion ! Où sont les Josués et les Calebs ? Je n'en vois qu'un bien petit nombre. Qu'ils sont frivoles les prétextes qu'invente le cœur ingrat pour justifier sa résistance à l'appel de Dieu : «Montez et possédez le pays ! Pour conquérir un pays si admirable, il faut que Dieu soit avec nous et au dedans de nous. Nous serons infailliblement vaincus si nous ne sommes « revêtus de toutes les armes de Dieu » et « animés des dispositions que donne l'Évangile de la paix » (Éph., VI, 13, 15).

»Voilà ce qu'avait si bien compris notre bien-aimé Misçaël, et c'est avec bonheur que je renouvelle son expérience. Elle n'a rien de commun avec celle des Israélites, campés au désert de Paran. C'est le contraste entre ces deux expériences qui m'a amenée précisément à vous lire cet épisode de l'histoire du peuple de Dieu. Jamais Misçaël n'a pris des pierres pour lapider les Josués qui l'exhortaient à monter hardiment et à posséder le pays. Il était au contraire heureux de les écouter et de leur obéir. Il a toujours reçu « les prophètes en qualité de prophètes » (Math., X, 41) ; et parfois, sans les comprendre pleinement, il a accepté leurs directions, par la seule raison qu'ils étaient ses conducteurs et qu'il avait en eux la confiance la plus absolue. Depuis sa conversion, il a persévéré dans cette voie sans jamais varier ; c'est là le témoignage que nous lui rendons.

» Une autre disposition précieuse que nous avons remarquée en lui dès le commencement, et qui a été le germe de cette œuvre admirable de pureté qui s'est développée en lui sur son lit de mort, c'est son amour permanent pour la Parole écrite et sa soumission réelle à la Parole vivante. Il s'est montré, à ce double point de vue, supérieur à plusieurs de ses frères.

» Rien de commun non plus entre Misçaël et les espions infidèles. Ces hommes représentent le pharisaïsme ancien et moderne ; c'est le fruit de l'alliance sacrilège entre la science divine et la science humaine. Ils connaissent ce *bon* pays, ces docteurs infidèles, ils pourraient en décrire les merveilleuses beautés ; mais ils découragent ceux qui voudraient le conquérir. Ce *bon* pays, la pureté du cœur, ils le déclarent inaccessible ; ils prêchent seulement une pureté extérieure : ce sont des sépulcres blanchis. « Obtenir un cœur pur, disent-ils, illusion ! Des géants invincibles défendent l'entrée de ce royaume. Ce sont nos passions, notre mauvais cœur, notre corps, autant d'ennemis que nous ne pouvons jamais soumettre. »

» Ces docteurs-là ne parleront point, après leur mort, par leur foi ; Misçaël, au contraire, mort, comme Abel, dans sa jeunesse, a cru à la promesse de Dieu et il nous parlera par sa foi, par sa mort. Son exemple nous dira que Dieu est fidèle et que toutes les choses qu'il a dites auront leur accomplissement » (Luc, I, 45).

» Quelle création admirable que celle de l'amour pur dans le cœur du croyant, par le Saint-Esprit ! Cet amour divin a besoin de se développer ; mais, dans son essence, c'est un principe de vie, un grain de semence d'abord imperceptible, et dont la puissance fécondante est capable de le faire devenir un grand arbre. Demandez tous à Dieu de déposer en vos cœurs ce germe divin, et tôt ou tard il produira, comme chez notre bien-aimé Misçaël, des fruits bénis jusque dans la vie éternelle. »

Le lendemain lundi, plusieurs amis des campagnes étaient venus se joindre à nos amis de Nimes pour donner un témoignage de sympathie à la famille éprouvée, et accompagner la dépouille mortelle de notre frère à sa dernière demeure. En l'absence de M. Édouard Krüger, pasteur à Nimes, qui ne pouvait être prévenu à temps, au Mont-Dore, ce fut son frère, M. Ernest Krüger, présider cette cérémonie, avec M. Cazalet, pasteur à Nimes l'un des meilleurs amis de la famille et de l'Église.

Un auditoire nombreux et sympathique écouta, dans un profond recueillement, cette allocution dont nous allons reproduire le principe.

« Si les parents du cher Misçaël, si ses amis chrétiens, n'avaient d'attente que pour cette vie seulement, leur découragement serait bien légitime, en face du coup terrible qui vient de les frapper. C'était un jeune homme de 21 ans, affectueux, intelligent, instruit, qui faisait concevoir les plus douces espérances, et quinze jours suffisent pour que de cet aimable enfant, plein de vigueur et riche d'avenir, il ne reste que cette poussière. Cependant nos âmes ne sont point accablées, le murmure n'a pas même effleuré nos lèvres, parce que nous savons que Misçaël n'est pas mort : il vit auprès de son Dieu. Il était sincèrement pieux ; les passages inscrits sur les lettres de faire-part résument toute son expérience[1].

» Il avait accepté Jésus, « la principale pierre de l'angle », pour fondement de sa foi ; aussi la mort a-t-elle perdu son aiguillon et le sépulcre sa victoire. « Les portes de la justice lui ont été ouvertes et il y est entré pour célébrer l'Éternel. » Depuis quelques années, il avait obtenu, non l'espérance, mais l'assurance du pardon de ses péchés. Loin de s'endormir sur ces grâces reçues, il a continué à prier, à combattre en vue d'une œuvre plus pure, d'une délivrance plus radicale. Son combat n'a pas été vain ; il en a recueilli les fruits bénis sur son lit de mort. Au sein de ses vives souffrances, la lecture de la Bible le faisait revivre, les exhortations des hommes de Dieu le ranimaient. Autant que ses forces le lui permettaient, il parlait lui-même de Dieu avec bonheur et édifiait par sa paix et sa douceur inaltérables tous ceux qui s'approchaient de lui. Ce germe de foi pure et vivante déposé dans son cœur par l'Esprit saint s'est développé et l'a rendu capable de produire des fruits pour Dieu. Sans doute, s'il eût vécu, sa foi se serait affermie et épurée ; mais nous savons

---

[1] La pierre que ceux qui bâtissaient ont rejetée est devenue la principale pierre de l'angle.   Ps. cxvii, 22.

O Mort ! où est ton aiguillon ? O Sépulcre ! où est ta victoire ? Or, l'aiguillon de la mort, c'est le péché. Mais, grâces soient rendues à Dieu qui nous donne la victoire par notre Seigneur Jésus-Christ.   I. Cor., xv, 55, 57.

Ouvrez-moi les portes de la justice ; j'y entrerai et je célébrerai l'Éternel.
   Ps. cxviii, 19.

... Quoique mort, il parle encore par sa foi.   Héb., xi, 4.

que Celui qui scrute les cœurs et les reins, n'a pas besoin de voir tout le développement d'une œuvre pour la récompenser.

»Nos cœurs pourraient-ils être abattus devant cette séparation ? Ils sont au contraire encouragés et bénis. Je sais bien que cette pensée monte facilement au cœur de l'homme : Pourquoi Dieu laisse-t-il subsister tant d'êtres inutiles ou méchants, tandis qu'il retranche ceux qui paraissaient propres à le glorifier ?

»Mes amis, c'est là son secret, ne cherchons pas à le connaître. Inclinons-nous et prions. Une chose est certaine et doit nous suffire pour tout expliquer : Dieu est Amour. Dieu est notre Père, et tout ce qui nous est dispensé par Lui, joies ou épreuves, l'est en vue du salut de notre âme. Sachons nous contenter de cette explication des desseins de l'Éternel et surtout faisons-en notre profit.

»Je le dis sans hésitation : pour ceux qui sont de Dieu, il est un sentiment qui domine la douleur de la perte de ce cher jeune homme, c'est l'action de grâces. Oui, béni soit Dieu qui a accompli en Misçaël cette œuvre merveilleuse de la régénération parfaite du cœur !

»Cette mort n'est pas cependant un privilège, comme on serait porté à le croire. Une longue vie entièrement consacrée au service du Seigneur est de beaucoup préférable. Ce que nous devons souhaiter, c'est de pouvoir dire à l'heure de notre délogement, avec l'apôtre Paul : « J'ai combattu le bon combat ; j'ai achevé ma course ; j'ai gardé la foi. Au reste, la couronne de justice m'est réservée, et Dieu, juste juge, me la donnera en ce jour-là. » Misçaël ne pouvait pas tenir ce langage ; il est maintenant avec Dieu, mais il n'y est pas comme père ; il y sera la joie et la couronne des Pauls.

»On demande parfois des miracles. Eh ! n'est-ce pas un fait extraordinaire de voir un jeune homme de vingt ans, pour qui l'avenir était plein des plus belles promesses, contempler la mort en face et la voir s'avancer avec sérénité, paix, bonheur ? Il comptait sans effroi les heures qui lui restaient à vivre, et la seule grâce qu'il demandât à son médecin, c'était au moins de ne pas lui donner de remède qui paralysât ses facultés. Il avait à cœur de prier jusqu'à la fin, et Dieu l'en a rendu capable.

»La mort n'était point pour lui le « roi des épouvantements », mais « une messagère de bonnes nouvelles ». Il s'est endormi, plein de confiance, dans les bras de Jésus, comme un enfant sur le sein de sa mère.

» Le plus grand miracle est la conversion surnaturelle, le changement du cœur. Les miracles de Jésus ne sont que les symboles de ces grands miracles spirituels ; les guérisons matérielles sont en effet bien inférieures aux guérisons morales. Et comme preuve de sa puissance dans ces deux domaines, nous voyons souvent Jésus dire au malade rétabli : «Tes péchés te sont pardonnés.» Si, de nos jours, il ne se faisait plus de miracles, nous serions en droit de dire que Jésus n'est plus amour, puisque, de son vivant, son amour l'a porté à guérir les malades et que, de nos jours, ces cures miraculeuses n'existent plus. Jésus est toujours le même, hier, aujourd'hui, éternellement. Les miracles qu'il faisait, manifestaient son amour et sa puissance ; la conversion surnaturelle qu'il opère dans le cœur du croyant révèle aussi aujourd'hui ce même amour, cette même puissance ; et, de même que les guérisons des corps étaient radicales, *de quelque maladie qu'on fût détenu*, de même, actuellement, il guérit nos âmes de *toute* infirmité. C'est ce que Misçaël avait compris et cru.

»Jeunes gens qui entourez ce cercueil, devenez sérieux. Cette mort du juste n'est-elle pas préférable à la mort du méchant ? Les mêmes grâces accordées à notre cher Misçaël vous sont offertes gratuitement. Apprenez, de cette mort, que l'amour de Dieu est le secret de la vie. N'oubliez pas surtout que c'est aujourd'hui le jour favorable ; demain, il pourrait être trop tard. Cette mort vous révèle également l'abondante miséricorde de notre Dieu et la fragilité de votre vie. »

M. Cazalet termina ce service par une prière onctueuse. Il bénit Dieu pour le bien qu'il avait fait à notre cher Misçaël ; il le supplia de consoler la famille à laquelle il venait d'enlever un fils et un frère si tendrement aimé, et de bénir pour chacun de nous la vie chrétienne et la mort glorieuse de ce bien-aimé frère.

Sur le bord de la tombe, M. Abel Krüger, Président de l'Union chrétienne des jeunes gens de Cette, dont Misçaël était, depuis sa fondation, l'un des membres les plus actifs et les plus vivants, exprima en quelques paroles simples, mais bien senties, la douleur que leur causait à tous cette mort, le vide immense qu'elle faisait parmi eux, et le désir ardent que cette épreuve fût une occasion de réveil pour toute la jeunesse chrétienne.

« Ne donnons pas de stériles regrets à sa mémoire, dit-il, mais imitons-le dans sa foi et dans sa vie, afin de pouvoir un jour l'imiter dans sa mort. »

Heureux et Saint celui qui a part à la première résurrection.

Apoc., XX, 6.

# TABLE DES MATIÈRES

### PREMIÈRE PARTIE.

| | |
|---|---:|
| Introduction............................................................. | 3 |
| Enfance de M. Gilly.................................................. | 5 |
| Sa Conversion......................................................... | 12 |
| Lettre de H. Krüger à l'occasion de la mort de Misçaël.......... | 17 |
| Lettre de Misçaël à Müller......................................... | 18 |
| Lettre du même à C. Wachsmuth.................................. | 20 |
| Pensées................................................................ | 27 |
| Misçaël et le service militaire..................................... | 30 |
| Lettre de Misçaël à N............................................... | 33 |

### DEUXIÈME PARTIE.

| | |
|---|---:|
| Les premières atteintes du mal................................... | 37 |
| Entretien de Misçaël et M<sup>lle</sup> Pouget..................... | 44 |
| Arrivée de M<sup>me</sup> Armengaud............................. | 52 |
| Exhortations du mourant à ses amis.............................. | 54 |
| Méditation des Chapitres LIII et LIV d'Ésaïe, par M<sup>me</sup> Armengaud. | 57 |
| Mort de Misçaël..................................................... | 60 |
| Extrait de la prédication du dimanche soir, 8 Juillet............ | 62 |
| Paroles de M. Ernest Krüger sur la tombe...................... | 64 |

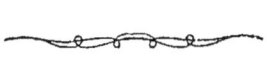

www.ingramcontent.com/pod-product-compliance
Lightning Source LLC
LaVergne TN
LVHW021007090426
835512LV00009B/2123